父母必須知道的教兒觀念

原書名：孩子就吃這一套

王夢萍◎著

前言

有這樣一個故事。

某校期中考試成績出來後，有個同學因爲各門功課都考得一塌糊塗而憂心忡忡，在課堂上無精打采，引起了老師的注意。老師把他從座位上叫了起來，隨即撿起一張扔在地上的紙問：「這張紙有幾種命運？」

驚慌失措的學生愣了好一會兒才回答：「扔到地上成一張廢紙，這就是它的命運。」老師一言不發，當著大家的面在那張紙上踩了幾腳，紙上印著老師沾滿灰塵和污垢的鞋印，然後又問學生這張紙片有幾種命運。

學生回答道：「這麼一來，還有什麼用途呢？當然是一張廢紙啦！」

老師沒有說什麼，撿起來把紙撕成兩半扔在地上，又心平氣和地問他同樣的問題。

這位學生也被弄糊塗了，紅著臉回答：「這下眞的更是廢紙了。」

就在這時，老師撿起撕成兩半的紙，很快就在上面畫了一匹奔騰的駿馬，而剛才踩下的腳印恰到好處的成了駿馬蹄下的原野。駿馬充滿了剛毅、堅定和張力，令人遐想無

限。接著，又問那位學生：「現在請你回答，這張紙的命運是什麼？」

學生的臉色明朗起來，對老師說：「您給一張廢紙賦予希望，使它有了價值。」

有人把初生的孩子比做一張白紙，而絕大多數家長所做的，就是在白紙剛一鋪開的瞬間，便打著各種名義在這張白紙上瘋狂塗抹：輔導班、家庭教師、作業、分數……十八般武器輪番上陣！

很快，白紙便被塗得一塌糊塗，紙上的圖像人不像人，鬼不像鬼！萬分驚訝的「畫師」們還在這張白紙上面找出了一大堆的不良嗜好：撒謊、不喜歡上學、打架、甚至是偷竊……

於是他們立即發出了感慨：唉，教個孩子眞難。

其實天下本沒有難教的孩子，只要做家長的能夠找到正確的方法。

我相信，無論您的孩子有多少缺點，他們都具有成功的稟賦，家長所需要做的，只是去幫助孩子發揮出自己的稟賦——學會多一些包容，少一些責備；多一些鼓勵，少一些貶斥；多一些引導，少一些強制；多一些微笑，少一些斥責；多一些建議，少一些命令；多一些友情，少一些威嚴；多一些關心，少一些控制……

從我的角度而言，家長所需要做的，絕不是要按照自己心中的理想模型去「塑造」孩子的未來，其實對於大多數孩子來說，自從踏上人生旅程的那一刻起，他們就應當成爲自己人生的船長，家長們所需要做的，是成爲一名稱職的大副，而這本書正可以被看成是最合格的「大副速成指南」。

恭喜打開這本書的諸位家長們，您們的孩子有福了！

目錄
contents

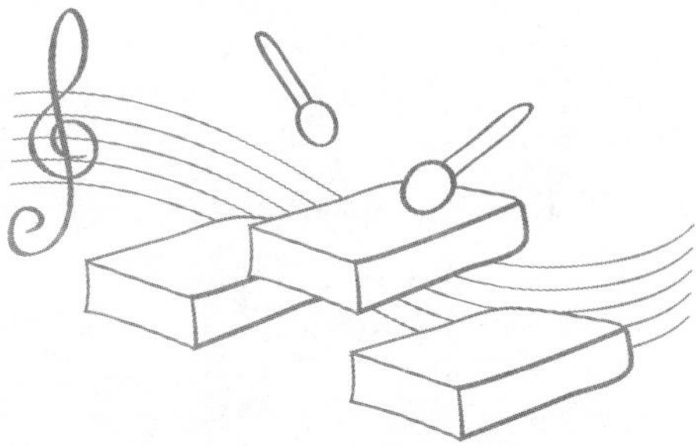

目錄
contents

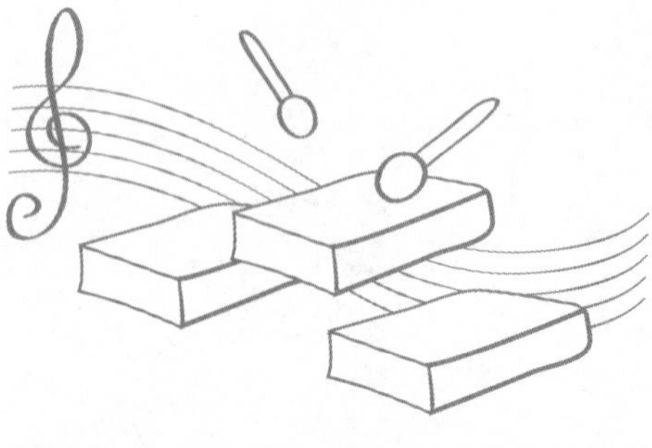

目錄
contents

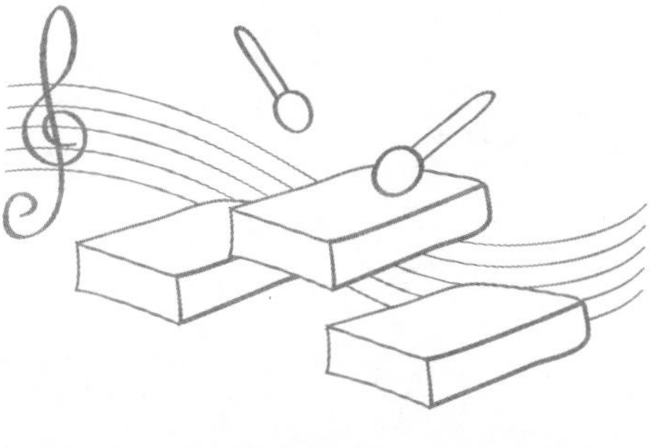

目錄
contents

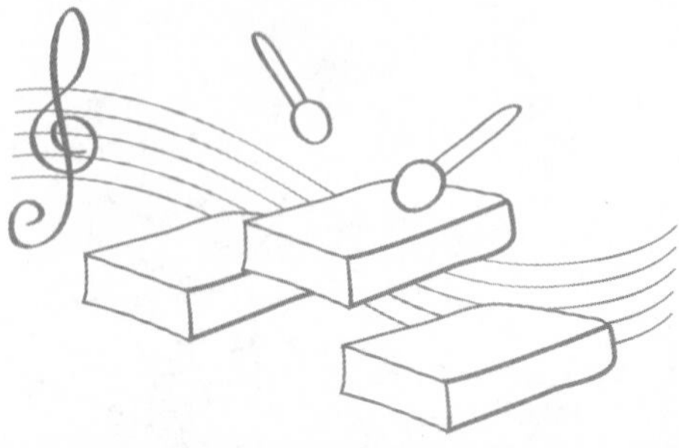

目錄
contents

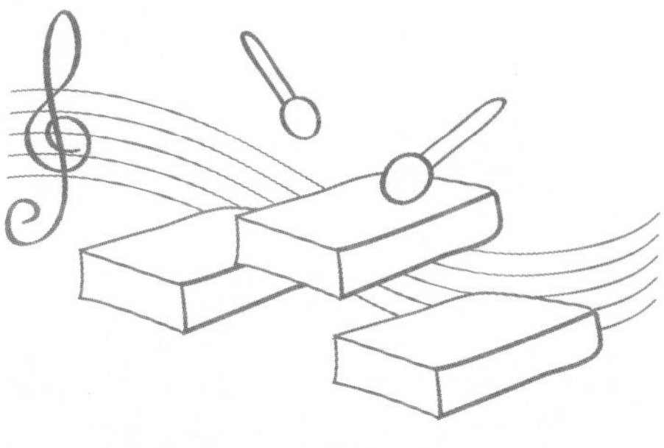

第一章

用全新的理念看待教育

父母不該說的話

今日台灣父母望子成龍的心理，可以說比歷史上任何時代都急切，這種期待本無可厚非，但諸如「要聽話」、「好好用功」、「沒出息」、「飯桶」等話語，在孩子耳邊不斷地重複，對孩子究竟會造成怎樣的影響，值得每位做父母的認真思考。

弗洛伊德心理學派認為，人的性情早在年幼時就形成了。統計顯示，〇歲至十歲的孩子在成長中平均要遭受二千次的「批評」，致使孩子從一歲起，高達九六％的想像力、創造力到十歲時只剩原來的四％。

因此，父母必須以開放的、正面的態度引導孩子。一味地指責，會帶給孩子負面的心理暗示，只會使孩子走向自暴自棄。如果我們回顧歷史長河，會發現許多年幼時愚鈍、調皮的孩童，終也成為名垂青史的大師和名家。

「要聽話」與「好好用功」

我們這一代可能對這樣的話印象深刻——千萬不要調皮，聽老師的話，才是好孩子。時至今日，類似的話仍然掛在許多年輕父母的嘴邊。我們知道，在一個強調創新、追求個性發展的社會裡，這話明顯是落後於時代精神的。但爲什麼許多高學歷的父母依然要求孩子「聽話」？我認爲，中國幾千年封建傳統文化中的講究尊卑、長幼、孝悌等思想觀念，對人們的影響頗爲深廣。從考試教育走過來的高學歷父母，在素質上難免會有缺陷。

我們來看這樣一個眞實而又引人深思的事情。

有位法國教育心理學專家，給法國的小學生和台北的小學生先後出了下面這道完全一樣的測試題：一艘船上有八十六頭牛，三十四隻羊，請問，這艘船的船長年紀有多大？

超過九〇%的法國小學生提出異議，認爲這道測試題根本沒辦法回答，甚至嘲笑老師的「糊塗」。顯而易見，這些學生是對的。

台北的小學生情況恰恰相反：有七〇%的同學認眞地作出答案——八十六減三十四等於五十二歲。只有三〇%的同學認爲此題非常荒謬，無法解答。

台北小學生會如此作答，是因爲他們堅定不移地認爲：「只有對問題作出回答，才可能得分；不回答的話，就連一分也得不到。老師出的題總是對的，總是有標準答案的，不可能沒辦法做，也不可能沒有答案。」

這就是我們培養出來「聽話」的孩子。

笛卡兒說：「懷疑就是方法。」法拉第認爲：「在學術上不應盲從大師，應當重事不重人，眞理應當是首要目標。」愛因斯坦則指出：「科學發現的過程是一個由好奇、疑惑而開始的飛躍。」

因此，身爲新時代的家長與老師，不能只教育孩子聽話、敬重老師，更應該教育孩子相信眞理，崇尚科學，在學習過程中敢於發出自己的聲音，懂得「吾愛吾師，吾更愛眞理」的道理。懷疑並不是缺點，總是沒完沒了地懷疑才是缺點，只有敢於懷疑，才能減少盲從。有懷疑的地方才有眞理，眞理是懷疑的影子。當然，這其中，還應該教育孩子學會思考和比較，在辨別與篩選過程中形成自己獨立的判斷。

此外，「好好用功，天天向上」這句話，對於我們這一代父母和許多老師而言是再熟悉不過的了。其實，要求孩子好好用功是沒錯。問題是，許多家長和老師把它誇大

了，只要用功，就是好孩子。在當今時代，光「好好用功」是遠遠不夠的。在強調素質教育的今天，在我們為建設一個和諧社會而努力的年頭，孩子更要好好做人、好好熱愛家庭、好好讓自己的作為與時代同步……這些都是二十一世紀為人處世的必備素質。家長與老師應當反覆強調、反覆要求才對。

不可否認，強調學習與分數，這是現代社會教育體制不完善，與家長和老師功利教育的體現。難怪學習成績不好，孩子就會被家長責難。這種以偏蓋全的認識，使得孩子們的學習只不過是為了升學、考證照。與此同時，他們也被越來越沈重的書包壓得喘不過氣來。孩子們僅有的一點課餘時間，也被父母為他們報的名目繁多的各種才藝班搶佔。等孩子們長大以後，發現童年的記憶裡，竟然只是書本和教室，一點也沒有燦爛的陽光和青翠的芳草地。

少批評，多肯定

某雜誌社在給中小學生的問卷調查中，設計了這樣一個問題：「如果爸爸媽媽給你一個新世紀的承諾，你最希望得到什麼？」

回答這一問題的三六七〇一個孩子中，五六．八二%的孩子希望父母看到自己的進步，並且得到肯定；五四．六七%的孩子希望父母別總說人家的孩子比自己強。

由此可見，我們的孩子非常渴求被認同，獲得正確評價。然而，該雜誌社在給家長的問卷中，設計了一個問題：「在跟孩子談話時，您最愛說的三句話是什麼？」父母回答得最多的就是「聽話」、「好好學習」、「沒出息」。前兩句我們已經討論過，而「沒出息」是孩子們最不愛聽的。這種帶著強烈貶損意味的話，不知傷害了多少孩子稚嫩的心！

孩子總在否定中長大，當考試成績不到九十分時，就是「太笨了」；當作文寫不好時，就是「太糟糕了」；當孩子打不好乒乓球時，就是「太沒出息了」；當孩子彈不好琴時，就是「太不爭氣了」……身為父母，如果一味地對孩子表示不滿，評頭論足，求全責備，有朝一日，你會痛心地發現，孩子也會認為自己不行。弗洛伊德心理學派認為，人的性情早在年幼時就形成。統計顯示，〇歲至十歲的孩子在成長中平均要遭受二千次的批評，致使孩子從一歲起，高達九六%的想像力、創造力到十歲時只剩原來的四%。

過多的批評，對孩子的成長是不利的。事實上，僅憑學習成績是不能判定孩子沒有前途、沒有出息的。在成長過程中，孩子必然會有失誤，會遭到挫折和失敗，做父母怎麼能「落井下石」、「雪上加霜」呢？教育專家們指出，孩子即使跌倒了一千次，父母也要一千零一次地把他扶起來，並對孩子說，你永遠是我們生命中的奇蹟。

是的，父母必須以開放的、正面的思想和行爲來引導孩子，一味地指責孩子，只會帶給孩子負面的心理暗示，終使孩子走向自暴自棄。如果我們回顧歷史長河，會發現許多年幼時愚鈍、調皮的孩童，終也成爲名垂青史的大師和名家。

專家總結出了三種父母批評孩子的形式：

(1)對人不對事的批評。比如，「你怎麼這麼蠢？」「沒用的廢物」「飯桶！你只有吃飯的本事」……孩子在潛移默化中學會了這一套，將來又拿來對付他們的孩子。

(2)增加孩子內疚感的批評。比如，「孩子，爸媽這麼辛苦，你一點都不爭氣，一點都不像×××那麼聽話，那麼聰明，你這樣怎麼對得起爸媽啊！」讓孩子自幼就背上沈重的心靈包袱。

(3)不當引導的批評。這種「批評」比較隱蔽，比如，「你考第一名，我就給你十塊錢」。由此，孩子的愛心被「功利」扭曲了。

教育專家指出，批評可以從兩方面著手，一方面是父母要多表揚，少批評，批評對事不對人（把八〇%的時間用於解決問題，而不是緊抓問題本身不放），不要打擊孩子的自我價值；另一方面是給孩子心理準備，先禮貌的提醒孩子這是對事不對人，對未來不對過去。

調適教育中的不當期望

不少父母總是拿一個高標準套在成長中的孩子，不考慮他們的成長規律，不考慮孩子的個性特點，不斷地用過激的、情緒化的行為，促使孩子朝那個制高點奔跑，孩子一旦達不到，父母就會遷怒孩子，形成惡性循環，最後甚至發生不堪想像的悲劇。

衡量一個學生的成績，分數固然是一個重要方法，但更重要的是一個學生的素質、個性和能力。

當今教育的一大弊端，就是太現實，也太功利，只看分數。事實上，父母的責任是發現並開發孩子的才能，多創造條件，把孩子的才能與社會需要相結合。

別總暴露不滿的眼神和話語

某教育專家對一位母親說：「我跟你兒子聊過，你兒子有幽默感，愛學習，有獨立能力，喜歡闖蕩世界，這可是一個優秀人才必備的素質啊！」

可是這位母親不屑地說：「那算什麼本事？有本事考台大、清華，你看他考的是什麼破學校？」

其實，上大學只是人生的一個過程，並不是終點，每個人最終還是要走向社會，只認一條路，不是逼孩子走絕路嗎？

還有這樣一個大學生說：「我最怕我媽不滿的眼神，我總讓她失望，不是我存心氣她，是她無孔不入地提要求。比如她來電話，我的聲音要是不響亮，她馬上不滿。她下面要說的話和一臉怒氣我都能想像出來。她痛苦的眼神和不滿像一盆盆污水，劈頭蓋臉朝你潑過來，不分場合、地點，讓你自卑，讓你覺得對不起她，那可眞是一把看不見的軟刀子，扎著你，讓你流血但不敢喊疼。」

不少父母總是拿一個高標準套在成長中的孩子，可每個孩子是獨一無二的，他們有思想、有感情，如果父母硬將自己的教育理想塞到孩子身上，不考慮他們的成長規律，不考慮孩子的個性特點，不斷用過激的、情緒化的行爲，促使孩子朝那個制高點奔跑，孩子一旦達不到，父母就會遷怒孩子，形成惡性循環，最後甚至發生不堪想像的悲劇。

現在的父母大都只有一個孩子，於是就把希望全押在一個孩子身上，而且只許成

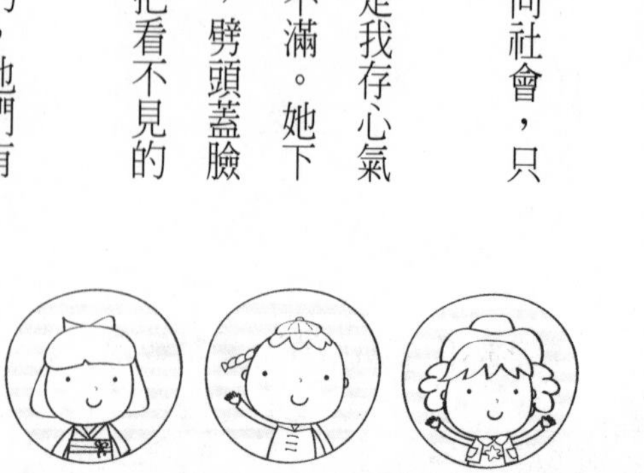

功，不許失敗。顯然，過高的期望，就會帶來孩子的無望。現在孩子的諸多問題，實際上就是父母不滿意，伴隨而來的就是批評、指責、抱怨。可想而知，即使一個愛學習的人，如果總挨家長的批評，總受老師的打擊，總被同學排擠，他也難免會厭學的。

家長和老師們的高標準、攀比心、失望與痛苦，就算嘴上不說，也會流露出來，讓孩子萌生失敗感，產生自責，對自己失去信心。無疑，這對孩子的心靈會造成巨大的損傷。等他們長大後，即使再會賺錢，當再大的官，也總對自己不滿意、不認同，心靈上很難快樂起來。

有一個小學生放學回家後說：「爸爸，我這次考了九十五分。」可在爸爸的眼裡，小學生應該得一百分，於是隨口訓道：「應該得一百分的，你怎麼那麼不認眞！」試想，父母愛的到底是孩子還是分數？如果父母不滿意，就算下次考了九十八分，父母也會抹殺了孩子的進步，孩子也會因此看不到自己的進步，對自己始終不滿意。一個不快樂的人，是難於把事情做好的。

在學校，老師按成績給學生排隊，這也會給孩子帶來負面的心理暗示。一看就知道，只有少數孩子排前頭，大多數都是失敗者；有的孩子即使排前頭，也害怕自己掉下名來。

對此，教師可以不排名，並教育孩子學會全心投入，讓自己處於最佳狀態，才會做到最好。

別挖苦和諷刺成績不好的孩子

愛因斯坦曾被小學老師斥責爲「蠢蛋」，但他的成就證明這位老師的責難實爲荒謬。

中國大陸著名作家二月河的長篇歷史小說「落霞三部曲」——「康熙大帝」、「雍正皇帝」、「乾隆皇帝」，近年來在中國文壇放射出霞光異彩。二月河的才氣非同尋常，其雄文華章，堪稱傳世之作，然而二月河當年的老師卻稱他是「飯桶」、「廢物」，斷言他肯定不會成才。

但事實證明，二月河當年的老師也錯了。錯在哪裡呢？成年後的二月河對此有一個很好的說法：

衡量一個學生的成績，分數固然是一個重要方法，但更重要的是一個學生的素質、

個性和能力。這個世界是個多樣化的世界，我們不能用一個統一的標準去要求每一個學生。上帝是公平的，給每個人以不同的才能，有的人這方面行，有的人那方面行，而且有的人在這方面特別行，在那方面則特別不行。關鍵是做老師的要善於發現、欣賞每一個學生的長處，尊重他們，引導他們，幫助他們樹立生活的信心和目標，因材施教，揚長避短，發揮不同的才能，培養不同的人才。不應僅僅是用分數這個標準去衡量每一個學生，更不應挖苦、諷刺成績不好的孩子，在學生的心靈上投下難以抹掉的陰影，對他們的日後成人、成才極爲不利。

二月河呼籲：「尊敬的各位老師，請善待您的所有學生，在他們青春年少時，給他們以充分表現自己才華和個性的機會」。

趙少康說：「我從小到大很少得第一名，成績卻還可以，考試也都能過關。我也一直不認爲老拿第一有什麼好，因爲當第一會很辛苦，而且要主觀、客觀、大環境、小環境等條件都配合才行，基督徒常說，『凡事盡心盡力，結果交給上帝』，我則認爲問心無愧很重要，只要盡了力，未得第一又有什麼關係？若沒盡力，卻僥倖得了第一，心中才是有愧的。」

別讓功利教育抹殺了孩子的才能

有這樣一個男孩很令人惋惜。早在他五歲時就喜歡捏小泥人，大拇指大的小人，他連盔甲上的釘、扣都捏出來，很逼真，很有天賦。小學時參加比賽，幾分鐘就捏出一個《牡童短笛》，得了一等獎。但孩子父母一定逼他學數學，最後他考上一所大學的數學系。他的父母覺得捏這些玩意不能當飯吃，但孩子的興趣並不在數學，自然就學不好，花同樣時間，別人會了可他還是不會。儘管按父母心願上了數學系，但這孩子學得不開心，也很難有成就。像這個孩子，已經顯露出才能，父母可以朝這方面培養，將來在美術、藝術設計上發揮，照樣有飯吃。

當今教育的一大弊端，就是太現實，也太功利，只看分數。家長要孩子只做他們認爲有飯碗的事。可這樣的孩子往往感覺不快樂，才能就這樣被毀了。事實上，父母的責任是發現並開發孩子的才能，多創造條件，把孩子的才能與社會需要相結合。

當然，有些家長連自己有什麼才能也不十分清楚，又如何欣賞孩子的才能。

總之，許多家長對孩子的成長規律、才能、潛力都不瞭解，只是按照自己的主觀願望去規劃孩子，這就是不尊重生命，不把孩子看成是獨立、與眾不同的人。其實，如果

發現不了孩子的才能，不妨多問問孩子，孩子最瞭解自己。感到學得吃力就是有問題，學得輕鬆愉快，就說明有興趣。

推崇功利教育的父母常常會這樣告訴孩子：「你在班上要是考不了前三名，就考不上明星高中；考不上好高中，就考不上國立大學；考不上國立大學，就沒有好工作；沒有好工作，就得不到高收入；得不到高收入，就過不了幸福生活……」一旦父母有這樣的偏執，就很容易發生五大焦慮症狀：

(1) 擔心孩子閒著，硬是把孩子時間占滿了內心才會感到踏實。

(2) 擔心孩子玩耍，把孩子捧在手心裡，衝突隨著孩子的成長不斷加劇。

(3) 擔心孩子出錯，盯著孩子的錯誤，放大孩子的錯誤，以反覆提醒孩子的錯誤為教育手段。

(4) 擔心孩子吃虧，教孩子一些錯誤的、大人的人際交往方法。

(5) 擔心孩子失敗，學習成績、考試名次像戴在孩子頭上的緊箍咒一樣，讓孩子每天戰戰兢兢地面對一切。

作家葉兆言的女兒曾在日記中這樣寫道：

「我每天晚上都是凌晨一點多睡，早晨八點三十分開始就要接受你（指爸爸）殺豬般催我起來的號叫，我的耳膜早已千錘百煉了。你是否知道一個人睡覺時的滿足，那種舒適，那種安逸，那種甜甜的醉了一般的感覺，是一個中學生日夜渴求的，可是種種壓力迫使這種美好的感覺總在剛剛萌芽後便告夭折。每天我總帶著滿嘴的臭氣，滿肚子的火氣，滿臉的鼻涕，憤怒地爬起來，半睡半醒地做我的僵屍夢！我從沒有半夜起來上廁所的習慣，所以，不要因爲你把我喊起來而得意萬分。這不是你的功勞，而是我的膀胱受不住了。」

請瞭解孩子的心理

提起「同孩子一起成長」，有的家長會說，我們現在不用成長了，孩子長就行。

其實，父母也要成長。時空不一樣，心理不一樣，不瞭解孩子，怎麼能幫他解決問題？

從出生起，孩子就在不斷成長中。每天都在變，新的東西一直出現，當然也有人性中的弱點。只有瞭解孩子，才能眞正給他關心與支援。可是家長們往往缺乏生理和心理

的基本教育。

有句話說：「三歲看大，七歲看老。」說的是人腦發育過程，七歲時，人腦發育已完成九〇％。父母必須懂這些，才會清晰、理性地知道自己該做什麼。

母親教育男孩子，應當明白小男孩不會走時就想跑，跌倒了爬起來還要跑。男孩的成長，是向外長的，新陳代謝速度快，思維、眼光、膽識都不斷地想衝出去。許多母親往往用女性思維去要求男孩，放在手心看著，一旦跑出視野就緊張，就要衝上去保護，這對男孩的成長是一種干擾和破壞。孩子不能安靜地做自己的事，不能作出自己的決定，不能解決自己面對的問題，最終不能獨立自主。

有位教育工作者在南部一所中學進行一個小調查：回家跟母親說一句「我愛妳」，看她啥反應。

孩子一：「她在看報紙，沒理我。我又說，媽媽，我真的愛妳。媽媽才說，你不愛我你愛誰？我整天給你吃，給你喝，大魚大肉伺候你，人前人後陪著你，我容易嗎？看看你這次考試……」

孩子二：「我媽說：你從哪兒學得這麼壞？」

孩子三：「她正一邊看電視，一邊織毛衣，我說第一次她沒反應，聽完第二遍，她把毛衣一放，問我，『說吧，你要多少錢』？」

當今社會的孩子都比較開放，表達感情更直接，尤其是在痛苦和挫折時，非常希望從父母那裡得到真心的愛。一個得不到溫情滋潤的人，臉上沒有光采，眼睛也沒神，肌肉變形，人陰沈沈，不正眼看人，內心膽怯。

人做事，需要體力、腦力、心力。哪個方面出問題，人就不算是健康的；培養一個健康的孩子，等於母親向社會這個龐大的生命體輸送了一個健康的細胞。

孩子最需要愛的時期就是七歲前，媽媽一定要給足愛。孩子一天天長大長高，對媽媽的需要越來越少。我女兒十七歲，每天都有自己的安排，我想關心人家都沒機會呢！

我也在做自己的事，我只要讓她看到媽媽每天忙什麼，在她身邊有一個人是這樣生活的，這本身就是一種教育。我常告訴女兒：「老媽也有過十四歲、十五歲、十六歲，每個年齡的孩子想什麼，喜歡什麼，犯什麼錯，媽媽都有過。所以，假如妳遇到困難，需要幫助，告訴我，老媽是妳的死黨，是妳永遠的朋友。」父母能給孩子安全感、踏實感，就足夠了。

我對女兒的期望只是：一生能有自己的追求，追求的過程又是快樂的；有一個美滿幸福的家；有自己喜歡做的事。至於她能達到什麼程度，我不強求。

更正教育中的不當行為

今天，所有人都知道達爾文的「進化論」，而這一被恩格斯稱為十九世紀三大定律之一的「進化論」，正是建立在超乎常人的想像和為此進行的大量實物證明之上。沒有想像，就沒有今天的「進化論」。愛因斯坦著名的相對論，也是超人想像的科學。難怪愛因斯坦說：「想像力比知識更重要。」

孩子不是因為失敗了才更努力去做，而是因為成功了才更努力去做。反覆失敗的孩子會越來越差，反覆成功的孩子會越來越好。父母要是能在孩子身上發現十大優點，就是好父母；父母要是能發現五大優點，就是合格的父母；父母要是一個優點都發現不了，那就是不稱職的父母。

接受孩子不同的想法

前段時間讀了一篇短文。一位老師問小學生，冰雪融化了是什麼？孩子們的答案五花八門，其中一個孩子回答得最好——冰雪融化了是春天。老師很慚愧，因爲他的答

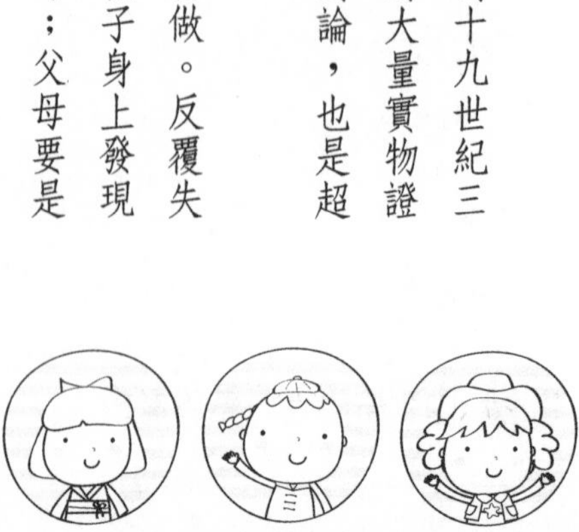

案是「水」。其實，小學一年級語文課本上就有「冰雪融化，種子發芽，果樹開花」這樣讓人怦然心動的句子——講的就是美麗的春天啊！可是機械的「標準答案」多麼面目可憎！過了幾天，他又問孩子們：「花兒爲什麼會開？」「花兒睡醒了，它想看看太陽。」「花兒一伸懶腰，就把花朵兒給頂開了。」「花兒想跟小朋友比一比，看看哪一個穿的衣服更漂亮。」「花兒想看一看有沒有小朋友把它摘走。」「花兒也有耳朵，它想出來聽一聽，小朋友們在唱什麼歌。」這位老師又感動又感慨，因爲他問過一些成年人，答案幾乎都是：「因爲天氣變暖和了！」

一家電視臺做過這樣一期節目，主題是「人的想像力是如何喪失的」。節目主持人在黑板上畫了一個圈，問大家是什麼？攝影機前，政府官員們求助秘書，見正在錄影，便起身告辭。主持人又問大學生，學生們私下嚷道：這是什麼爛問題！主持人又問初中生，有回答「○」的，也有回答英文字母○的。主持人再問小學低年級的孩子，大家搶著回答，「是一個○」「是個月亮」「是個雞蛋」、「不，是老師的眼睛，她發脾氣啦！」

又想起一個故事。

有個孩子在同學中沒有人緣，原因是他經常「說謊」、「吹牛」。他撿到一塊怪異的石頭，會對同學們說：「這是一顆寶石，可能價值連城。」同學們都哄堂大笑，笑他腦子有問題。可是他一點也不放在心上，依然我行我素，照舊對身邊的東西發表奇特的看法。終於有一天，老師對孩子的父親說，應該管教一下他這個胡說八道的兒子。但父親並沒有罵孩子，只是暗中觀察。

一次，孩子在田地裡撿到一枚硬幣，他神秘兮兮地向姐姐炫耀說：「這是一個古羅馬造的硬幣。」孩子的姐姐拿過來一瞧，卻發現這是一枚十分普通的舊幣，不過是由於受潮生銹，顯得有些古舊罷了，這哪是什麼古羅馬硬幣，眞是胡說八道。他姐姐便把這件事告訴父親，希望父親好好懲罰弟弟，讓他改掉那種令人討厭的「說謊」習慣。父親卻叫過孩子說：「我怎麼能責備你呢，我爲你感到高興，你的想像力眞偉大。」

對於孩子父親的「縱容」，許多人都說這父親怎麼也瘋了，這孩子長大以後一定會變成一個滿口大話的僞君子。但是，出乎這些人的意料，這個孩子長大以後卻成了著名的科學家，他的名字叫達爾文。

今天，所有人都知道達爾文的「進化論」，而這一被恩格斯稱爲十九世紀三大定律

之一的「進化論」，正是建立在超乎常人的想像和為此進行的大量實物證明之上。沒有想像，就沒有今天的「進化論」。

愛因斯坦著名的相對論，也是超乎想像的科學。難怪愛因斯坦說：「想像力比知識更重要。」小學時，我有個最好的朋友，上初中後就很少見著他，因為他家搬到城裡了。我上大學時得知，只有高中文憑的他，當兵後到了部隊竟然如魚得水，被提拔為幹部，上軍校學習。當時還以為他家是不是有關係。時至今日，我突然明白，這個傢伙上小學時是有名的「吹牛大王」，當時看了科幻卡通後，他竟把七千萬年前的世界講得更是神秘有趣，還說我們乘坐在一架飛碟中，其速度要是能達到光速，你就跟世界融為一體，無所謂生，無所謂死，或說你將長生不死……我當時不知道這有無科學道理，但他的想像力確實不同常人。

還有這樣一個孩子，多年以前的一個晚上，他年輕的母親正在廚房裡洗碗，才幾歲的他獨自在灑滿月光的後院玩耍。年輕的母親不斷聽到兒子蹦蹦跳跳的聲音，感到很奇怪，便大聲問他在幹什麼。天真無邪的兒子也大聲回答：「媽媽，我想要跳到月球上去！」這位母親並沒有像其他父母一樣責怪兒子不好好做功課，只知道瞎想！而是說：

「好啊！不過一定要記得回來呀！」

這個小孩長大以後眞的「跳」到月球上去了，他就是人類歷史上第一個登上月球的人——美國太空人阿姆斯壯。

賞識孩子的個性

黎錦熙是大陸著名的國學大師。民國頭十年他在湖南辦報，當時幫他謄寫文稿的有三個人。第一個抄寫員沈默寡言，只是老老實實地抄寫文稿，錯別字也照抄不誤，後來這個人一直默默無聞。第二個抄寫員則非常認眞，對每份文稿都先進行仔細檢查然後才抄寫，遇到錯字病句都要改正過來。後來，這個抄寫員寫了一首歌詞，經聶耳譜曲後命名爲《義勇軍進行曲》。他就是田漢。第三個抄寫員則與衆不同，他也仔細地看每份文稿，但他只抄與自己意見相符的文稿，對那些意見不同的文稿則隨手扔掉，一句話也不抄。後來，這個人建立了以《義勇軍進行曲》爲國歌的中華人民共和國。他就是毛澤東。

第一個人的人生理念是照抄照搬，因循守舊，可見，沒有個性便不能成就自我。田

漢辨事認眞，嚴謹務實，終也有所成就。毛澤東從小就個性鮮明，堅持自我，走自己的路，對別人的東西能「拿來」爲己所用，而不是受其左右，所以才發展了馬克思主義，創立了毛澤東思想。

席勒也是一個堅持自我的人，他被送到斯圖特的軍事學校學習外科醫學，但卻悄悄地創作了第一部劇本——《搶劫者》，而在這部作品首次上演時，他自己不得不假裝成一名普通觀衆。

學校的管理像監獄一樣，這令他十分厭煩，而對於作家生涯又是那麼地嚮往。於是，他破釜沈舟，冒著可能衣食無著的危險開始在清冷的文字世界裡暢遊。幸運的是，他得到一位善良女士的幫助，很快創作了兩部偉大的戲劇，也因此聞名於世。

鄧肯還小的時候就自創了一種「新式自由舞蹈體操」，該舞蹈不同於當時舞臺上崇尙的芭蕾舞。和許多家長一樣，望女成鳳的母親爲了女兒將來能在舞蹈界出人頭地，也把女兒送到一個著名的芭蕾舞蹈家那裡去。

老師要求鄧肯用腳尖兒站立起來走路。鄧肯問爲什麼，老師說這樣才能體現美。鄧肯卻認爲這是違背自然的。結果沒學幾天，她就再也沒去了。鄧肯告訴母親，老師教的舞蹈在她看來全是些沒有生氣的柔軟體操，與自己理想中的舞蹈完全不一樣。母親聽完後，不僅沒有責備，反而說：「如果妳認爲自己的舞蹈才可以眞正地表現自己，那麼就勇敢地去跳自己的舞蹈吧。孩子，自由地表現藝術的眞理，也是生活的眞理。」

幾年後，母女倆來到倫敦，有幸遇到著名歌唱家坎貝爾夫人。她發現了鄧肯新式舞蹈的價值，就幫助她在英國藝術界大展風采。

此後，鄧肯相繼去了巴黎、維也納、柏林，獲得一致讚揚，被譽爲「世界上最偉大的女性」。

有這樣一位愛好書法的天才少年，九歲時參加日本青少年書法展，就在東京引起轟動，其四幅作品全部被私人收藏，總價值一千四百萬日元。當時，日本最著名的書法家小田村夫曾預言，在日本未來的書壇上，必將會升起一顆璀璨的新星。

然而，二十年過去了，不少默默無聞的人脫穎而出，而他卻銷聲匿名了。爲什麼會發生如此憾事？二〇〇二年九州島櫻花節，小田村夫專誠拜訪了這位幼時曾名震一時的天才，事後感歎道：「右軍啊！你毀了多少神童。」

右軍是誰？右軍就是中國東晉時的大書法家王羲之。這位小神童就是因爲臨摹他的

書帖成癮，而把自己的書法個性在二十年裡磨得一點都沒有了。儘管現在他的字與王羲之的比較起來，幾乎能夠達到亂眞的程度，可是在鑒賞家眼裡，他的書法已不再是藝術，而是令人厭惡的仿製品。

一個天才因模仿另一個天才而成了庸才，這不是書法世界裡獨有的現象，它存在於人類社會的各個領域。現在政治、經濟、文化乃至各行各界，大師級的人物之所以寥若晨星，絕不是因爲天生的庸才太多，而是有太多的天才因模仿而成了庸才。

由此可見，家長和老師一定要賞識孩子的個性。綜觀古今中外，大凡有所成就的人，無不是堅持了自己的個性和特色，才從流俗中脫穎而出。

發現孩子的優點

中國著名教育家孫雲曉，是大陸青少年研究中心研究員。一九九三年，他的報告文學《夏令營中的較量》，透過對比中日兩國少年的表現，反思中國教育觀念，引起了強烈迴響。他的女兒孫冉之所以能考上復旦大學，就是因爲得到他正確的教育。

孫冉曾在日記中寫道，人們都說，學英語是哭著進去笑著出來；學日語是笑著進去哭著出來。日語開頭容易，越學越難，可英語相反。

那時，孫冉學日語遇到瓶頸，父親及時鼓勵她：「孫冉，妳的日語發音很好聽！」「孫冉，聽妳和媽媽用日語對話眞是一種享受！」「女兒，能幫我給日本朋友打電話嗎？妳一定能行！」

事實證明，大人越誇孩子，孩子的狀態就越好。漸漸地，孫冉成了學校的日語尖子。二千年四月，月壇中學與日本LABO國際交流中心在北京舉行紀念大會，月壇中學唯一的學生代表就是孫冉。

就在孫冉高三第二學期時，學業壓力緊張至極，每天的睡眠時間只有五六小時。孫雲曉十分心疼，每次女兒說：「爸，今天的課不太重要，我想好好在家睡半天。」孫雲曉立即說：「妳好好睡吧，我替妳請假。」

臨近大考，孫冉緊張得失眠。爲了緩解她的焦慮，孫雲曉安慰說：「考不上大學是很正常的，多數人都考不上，考不上沒關係，有很多條路可以走。」

也許是太緊張了，孫冉模擬考沒考好，打電話給媽媽時哭得說不出話來，回到家還淚水漣漣。孫雲曉安慰女兒：「沒事，妳考得不錯，現在這個成績能上大專了，沒問

題。現在離大考還有兩個月，只要努力，是有可能發生奇蹟的。」

孫雲曉給女兒買了一本復旦大學的報考手冊，只因爲封面印著一句話：「相信自己！相信自己的選擇！相信自己選擇的成功人生！」他讓女兒每天早起把這幾句話在陽臺上大聲喊幾遍。

一開始，女兒的聲音細小得像蚊子，父親說：「不行，妳這是不相信自己！要大聲喊，放開嗓子使勁喊。」後來孫冉果然放開了嗓子喊，喊完了便覺得自己換了個人似的，心情舒暢，信心大增，結果大考成績提高了一百分，成功考取復旦大學。

其實，孫冉每天喊那三句話就是給自己一種心理暗示。如果你相信自己行，就眞的行。

孫雲曉指出，孩子不是因爲失敗了才努力去做，而是因爲成功了才更努力去做。反覆失敗的孩子會越來越差，反覆成功的孩子會越來越好。父母要是能在孩子身上發現十大優點，就是好父母；父母要是能發現五大優點，就是合格的父母；父母要是一個優點都發現不了，那就是不稱職的父母。

著名作家二月河的成才同樣也是因爲發揮了自己的優點。二月河沒上過大學，二十一歲才高中畢業。爲什麼呢？他老是留級。小學留一年級，初中留一年級，高中留一年級，共留級三年。二月河從小喜歡特立獨行，率性而爲，不受成規約束。他調皮頑劣，喜歡熱鬧，經常摸魚、抓螃蟹，玩得十分痛快。他不愛學習，還經常逃學，老師也不喜歡他。

但是，二月河還是表現出特別的長處。他自幼對課外讀物特別癡迷。上初中時，就憑興趣，津津有味讀完了《水滸傳》、《西遊記》、《三國演義》等中國古典名著和《湯姆歷險記》、《鋼鐵是怎樣煉成的》等外國文學名著。正是由此而開掘的智慧泉流日後成就了二月河大作家的輝煌業績。

二月河的老師當年可能沒有發現二月河的優點，或者知道了卻不以爲然。幸運的是，二月河遵循了作家成才的普遍規律。誠然，年少的二月河對正課是否感興趣，對他的成才並不具有決定性的意義。

因此，善於發現孩子的優點，並加以因勢利導，無疑對孩子的成才有積極作用。相反，因爲孩子有缺點，就一棍子將其打死，是不妥的。這就像二月河當年調皮搗蛋、不務正課，老師就斷言他肯定不會成才。

其實，每個孩子都有優點和缺點。關鍵是要發現孩子的優點。一些教育專家指出，有的孩子視覺發達，有很強的圖像分辨和對比能力，對色彩的層次反應敏感，可選擇在繪畫、攝影、設計或造型方面發展；有的孩子聽覺發達，對聲音的分辨能力很強，容易掌握音調和節拍，在識譜和記譜方面有特殊的能力，對音樂的興趣十分濃厚，可選擇在音樂、樂器方面發展；有的孩子身體協調性、柔軟性強，平衡機能好，機械模仿能力極強，喜歡運動，有比較強烈的表演欲望，適合舞蹈、體育和機械性工作；有的孩子思維能力好，記憶力和邏輯推理能力很強，創造力和想像力豐富，喜歡動腦，願意做複雜的計算，能在科學研究上有特長；有的孩子表達能力強，在語言方面很有天賦，願意與人交流，喜歡聽故事、講故事、看書，能在寫作、翻譯等方面更有發展；還有的孩子交際能力強，在管理和協調方面很有天賦，喜歡在孩子中扮演領導角色，願意管理別人，適應能力很強，所以他們可能在政治、教育、管理和社會活動方面發展得更好。

當然，發現孩子的優點，也不是件容易的事。孩子的潛在能力，有時要經歷很長一段時間的訓練，才能較為充分地發揮。有的要經過多次實踐，除去大人的想像，才能真正發現孩子智慧上的特點。

家長要眞正做到理解孩子，就要放手讓孩子去做，允許孩子去做脫離父母設計和安排的事，允許孩子做錯事，甚至作出一些「傻事」來。因爲有時候聰明的孩子也會作出一些讓人難以理解的事，這些事情在大人眼中看起來似乎是傻事。但就從這些事情中，可以發現孩子的興趣和潛能，做父母的必須理解孩子的這些行爲，並且允許孩子發表與父母不同的看法和意見。尤其是，當孩子已經顯露出某種能力或特長時，應該儘量給他表現的機會，使他的這種能力和特長得到充分的發揮。

發明飛機的萊特兄弟小時候對月亮好奇，好幾次天眞地爬到樹上「摸月亮」，有一次差點摔下來。史豐收上幼稚園時，非要把「小」字倒著寫，他認爲，既然「大」字下面兩條腿向外伸得大大的，那麼，「小」字兩條腿就應該向中間併得小小的。上學後，一次算術課上，他突然問老師：人們看數、讀數、寫數，都是從高位到低位元，爲什麼演算要從低位元到高位？能不能從高位到低位元演算？他最終創造了「快速計演算法」。

因此，只有理解孩子，才能發現孩子的長處，眞正加以有效的指導。

教育孩子要有如一的定見

要教育好孩子，父母必須對事物的好壞有始終一致的定見，無定見是教育孩子的最大禁忌。

卡爾．威特在《卡爾．威特教育》一書中講了這樣幾個故事：

在我的孩子卡爾兩歲時，我就開始從細微之處培養他的良好生活習慣，即使在餐桌上，兒子也會受到嚴格的教育。我告訴他，盛入自己盤中的食物一定要吃光，這樣能夠培養他勤儉節約的意識，同時又是一種磨煉。

如果卡爾想吃水果或點心，不論那種誘惑力有多大，我也會讓他先吃完飯菜，不會對他有絲毫的通融。

我希望卡爾在成長過程中能夠確立有「分寸」的意識，我一直按照這樣的原則去教導他。我要求他誠實、守信、準時，因爲這些都是作爲人應該具有的優秀品質。

父母的言行一致、賞罰分明，會對孩子產生積極的效果。如果你要求孩子不說謊話，你自己就不能欺騙嚇唬人；如果事先與孩子約法三章，父母就更要認眞執行。

有一次散步時，我看見鄰居史密斯太太因女兒的裙子弄髒了而生氣，衝著女兒大聲責罵。女兒大哭之後，她又馬上給了女兒一小塊點心。我問史密斯太太：「您為什麼責罵您的女兒呢？」「她總是這樣經常弄髒自己的裙子。」「可您為什麼又給她一塊點心呢？是為了表揚她的行為呢？還是為了她受責罵的補償？」史密斯太太啞口無言，她不知應該怎樣回答我。

她這樣做，小女孩就不知道母親為什麼會責罵她，更不知道挨了罵後為什麼得到點心，這對她的成長是相當有害的。

我時常教育兒子，品學兼優是為了自己的成長，而家事本身則是每個家庭成員必須履行的職責。如果卡爾有相當出色的表現，我會給他一定的物質獎賞，還會帶他去一個他嚮往的地方。

對兒子的懲罰，我一向講究原則，一定要讓他心服口服，否則懲罰便失去了教育的作用。懲罰之前，我總會給他警告，並向他講明原因，告訴他我為什麼要這樣做。

我曾對卡爾說過：「你必須早上按時起床，否則我會認為你是放棄吃早餐，你要為自己的行為負責。」有一次，他起床太晚，超過了規定時間，當他要吃飯時，我們早已

收拾好一切，也把他的早餐收走了。卡爾看著我，似乎想爲自己的過失辯解，但我先開口對他說：「很遺憾！我也很想把牛奶和麵包留在你的位置上，但我們有約定，不能破壞它，這只能怪你自己。」

其實，早餐本身並不重要，重要的是要讓他知道，我們的約定是認眞的，是必須遵守的。

第二章

用積極的態度對待孩子

改變孩子的心態

吃點苦，並不是壞事，這會讓平時顯得很嬌氣的孩子，變得獨立、勇敢起來。因此，應當教孩子轉個心念，積極樂觀地面對生活中的各種艱難困苦。

以積極的態度面對挫折

某校期中考試成績出來後，有個同學因爲各門功課都考得一塌糊塗而憂心忡忡，在課堂上無精打采，引起了老師的注意。老師把他從座位上叫了起來，隨即撿起一張扔在地上的紙問：「這張紙有幾種命運？」

驚慌失措的學生愣了好一會兒才回答：「扔到地上成一張廢紙，這就是它的命運。」老師一言不發，當著大家的面在那張紙上踩了幾腳，紙上印著老師沾滿灰塵和污垢的腳印，然後又問學生這張紙片有幾種命運。

學生回答道：「這麼一來，還有什麼用途呢？當然是一張廢紙啦！」

老師沒有表態，撿起來把它撕成兩半扔在地上，又心平氣和地問他同樣的問題。

這位學生也被弄糊塗了，紅著臉回答：「這下眞的更是廢紙了。」

就在這時，老師撿起撕成兩半的紙，很快就在上面畫了一匹奔騰的駿馬，而剛才踩下的腳印恰到好處地成了駿馬蹄下的原野。駿馬充滿了剛毅、堅定和張力，令人遐想無限。接著，又問那位學生：「現在請你回答，這張紙的命運是什麼？」

學生的臉色明朗起來，對老師說：「您給一張廢紙賦予希望，使它有了價值。」老題臉上露出一絲笑容，又掏出打火機，點燃了那張畫，眨眼間紙張化爲灰塵。

此時，老師意味深長地說：「大家都看見了吧，一開始並不起眼的一張紙片，要是我們以消極的態度去看待，就會使它變得沒有多大價值。要是我們再使紙片遭受更多的厄運，它的價值就會更小。要是我們放棄希望讓紙張徹底毀滅，它就根本不可能有什麼美感和價值了，但要是我們以積極的心態對待它，給它一些希望和力量，紙片的命運就會改變，人跟紙其實也一樣啊！」

轉個心念再看苦

同樣是一朵玫瑰花，有人會說：「眞不好，這花下怎麼長刺呀！」也有人會說：

「太美了，這刺上頭竟長出了鮮花。」同樣是半碗水，有人會說：「太糟了，只剩一半，再喝就沒了。」也有人會說：「太好了，還有一半水呢！加點進去就一碗了！」悲觀的人，總是消極看待事物；樂觀的人，總能夠在苦中發現快樂。

有人組織了三十多個北京孩子到丹頂鶴的故鄉——齊齊哈爾市郊紮龍自然保護區，參加夏令營活動。臨行前，「營長」說：「丹頂鶴的故鄉，天藍、雲白、草綠，一切都很美麗，可那裡蚊子之類咬人的昆蟲也很多，咬起人來特別狠，感覺會很疼；如果感覺受不了，現在可以決定不去。」結果大家都願意去。接下來「營長」說：「從現在開始，無論遇到什麼事，每個人只能說『太好了』，而不要說『太糟了』。」等到紮龍，孩子們真被蚊子咬了，但他們大叫道：「太好了！這裡的蚊子真聰明，不用特工偵察就知道北京孩子的血最甜！」還有個男孩幽默地說：「來到紮龍，最歡迎我的就是『蚊子兵團』！經過一番『親密接觸』，我餵了蚊子，蚊子餵了丹頂鶴。所以說，我爲保護丹頂鶴做出了『貢獻』，就因爲這一點，我要誇自己『太酷了』！」

其實，吃點苦並不是壞事，這會讓平時顯得很嬌氣的孩子，變得獨立、勇敢起來。因此，應當教孩子轉個心念，積極樂觀地面對生活中的各種艱難困苦。

大陸作家史鐵生已經患病許多年了，然而他說：「對困境先要對它說『是』，接納它，然後試試跟它周旋，輸了也是贏。」作家如此說，也一直是這樣做的。

有記者問他怎樣看待自己的病。

這位在輪椅上待了二十多年，每隔幾天都要去醫院做血液透析的史鐵生，回答很出人意料，他回答是「敬重」。

按照記者的想法，應該是「恐懼」或「厭惡」，他不明白作家的態度爲什麼是「敬重」？

面對疑惑不解的記者，史鐵生解釋說：「這絕不是說我多喜歡它，但是你能說什麼呢？討厭它呢？恨它嗎？求求它快滾蛋？一點用也沒有，除了自討沒趣，就是自尋煩惱。但你要是敬重它，把它看作一個強大的對手，是命運對你的錘煉，就像是個九段高手點名要跟你下一盤棋，這雖然有點無可奈何的味道，但你卻能從中獲益，你很可能就從中增添了智慧，比如說，逼著自己把生命中的意義都看明白。一邊是自尋煩惱，一邊是增添智慧，選擇什麼不是很明白了嗎？」

史鐵生曾與世界短跑冠軍劉易斯合影留念。照片中，史鐵生安靜地坐在輪椅上，劉易斯瀟灑地站在他身邊，兩人的手緊緊地握在一起。儘管身體衰弱的史鐵生，連站都站不起來，但他的靈魂卻無羈地奔跑著，跑得跟劉易斯一樣快，甚至比他還要快。劉易斯讀過史鐵生寫的書，他尊重這個坐在輪椅上的中國作家。劉易斯的眼睛凝視著史鐵生，眼光裡不是憐憫，而是尊敬。可以說，他們的靈魂是相通的，甚至他們都是在與命運賽跑。因爲從人生的意義來說，他們頑強拼搏，自始至終都不認輸的精神是一樣的。

接納病痛、敬重挫折，這是史鐵生樂觀處世的態度，結果他戰勝了心靈的憂傷和沮喪。史鐵生曾經將疾病與「漂流」做了一番有趣的比較，從中也突顯他平和、樂觀、澄明通透的心境。

他在《病隙隨筆》中這樣寫道：「生病也是生活體驗之一種，甚至算得上一項別開生面的遊歷。這遊歷當然有風險，但去大河上漂流就安全嗎？不同的是漂流可以事先做些準備，生病通常猝不及防；漂流是自覺的勇猛，生病是被迫的抵抗；漂流，成敗都有一份光榮，生病卻始終不便誇耀。不過，但凡遊歷總有報酬：異地他鄉增長見識，名山大川陶冶性情，激流險阻錘煉意志，生病的經驗是一步步懂得滿足。發燒了，才知道不發燒的日子多麼清爽。咳嗽了，才知道不咳嗽的日子多麼安詳。坐上輪椅時，我老想，

不能自立行走豈非把人的特點搞丟了？等生出褥瘡，一連數日只能歪七扭八地躺著，才看見端坐的日子其實多麼晴朗。後來又患『尿毒症』，經常昏昏然不能思想，就更加懷念往日時光。終於醒悟：其實我們都是幸運的，因爲任何災難的前面都可能再加一個『更』字」。

誠然，接納疾病的態度讓史鐵生在當代文壇獲得了難能可貴的心境，而他跟病痛周旋，就像石頭一樣堅強，又像花朵一樣溫柔；像火一樣熱烈，又像水一樣博大。最終他成了人生競技場上的勝利者。

對孩子來說，苦頭可能是打針吃藥，是體育課的跑步訓練，是摔倒之後的肉體痛苦。苦是苦事，沒人歌頌痛苦。人類歷史上所有的改進，包括社會制度、經濟體制與技術上的進步，是爲了減輕與消除人所遭受的苦。但，苦對涉世之初的孩子來說，它推開了生活的另一扇窗子，就像經歷春天的人又經歷冬天一樣。這時候，面臨它，會減輕苦的敏感度，退縮卻能延長它——少年不努力，老大徒傷悲，說的不就是逃避吃苦反造成更大筆痛苦嗎？如果人生有固定數量的苦頭要吃的話，早吃比晚吃好，吃盡比留個尾巴好。有句話說得好：「苦盡甘來。」

驅除心理「黑子」

心理醫生指出，每個人的內心多多少少地存在著不同的弱點。對孩子而言，這些心理上的弱點就像是太陽上的黑子，白玉上的瑕疵，成爲他們成長道路上的羈絆，還會干擾他們的思維和判斷，甚至影響人際關係和處世態度。教育專家們總結出了幾種常見的心理「黑子」：

疑心病。凡有疑心病的人，總是虛構一些因果關係去解釋別人爲什麼會有這樣的舉止言談。例如，有位男同學參加學校舉行的演講比賽時，發現台下有一名觀眾打瞌睡，竟得出這樣的推論：「看來，我的確是個不受歡迎的參賽者。」其實，這個觀眾不過是因爲前晚熬了夜。又如，有位女同學見到別人小聲交談，就認爲是在議論她。

爭「公平」。具有公平心的人，要求世界上的一切事情都應該是公平的，每個人都應當受到同樣的待遇。然而，世界不可能是絕對公平的，人吃雞，雞吃蟲，蟲吃草，這公平嗎？企求絕對公平的結果，讓人總是抱怨世界的不公平，忌恨比自己強的人。

「應該」論。許多人的情緒被「應該式」所操縱。例如，如果我對某人好，他就應該對我表示感謝；如果我努力學習，就應該獲得好成績。否則，他就要鬱鬱寡歡。這種

人總是認爲自己有資格立刻得到自己想得到的一切。實際上，這只是幻想。

貼標簽。人在憤怒時，最常給他人「貼標簽」。例如，說人「品質惡劣」、「落井下石」、「無可挽救」等等。這樣一來，根本就看不到對方的任何優點，只能從標簽出發來對待人，造成彼此相互仇視的態度。

依賴癖。有的孩子依賴父母，一旦離開大人的保護便無法支撐起自己的日常生活。這種情感的依附，使孩子注定生活在對孤獨的極度恐懼之中。脫離這種情感陷阱的最好辦法，是要做到人格獨立。

求贊許。許多孩子把獲得他人的贊許，視爲自己的強大支持力量。一旦別人不再施捨贊許，就會變得一無所有，就會覺得自己一錢不値。求贊許者的錯誤，在於把別人的贊許視爲衡量眞理的唯一標準，其實質卻是「不相信自己」。

求完美。有些孩子要求自己或別人的所作所爲一定要盡善盡美，到頭來，卻使自己或他人變得無法消受。完美無缺在這個世界上是根本找不到的。人一旦陷入這種要求絕對的境地，就會與現實抵觸，而感到人生幻滅。

自懈心。具有自懈心的人，總是藉口本性難移，不願改變自己，發展自己。例如，

「我這個人愛衝動，這輩子無法改了。」仔細一想，他這是先給自己扣個帽子，然後在大帽子底下開小差，其實是害怕約束自己，企求原諒自己。

內疚狂。過分的內疚是一種畸形責任感，總是主動承擔本來不屬於自己的責任。這種負罪感，使孩子經常處在心緒不定的狀態下，對於身體極爲有害。

此外，當孩子心情不好時，家長和父母可以給孩子幾招，讓他們重拾好心情。

(1) 買本圖文並茂的笑話書讀一讀，其中逗樂之處一定能感染他們。

(2) 出去漫步十分鐘，走路時邊深呼吸，邊注目四周，尤其是那些優美的自然環境，能在此時此刻讓人「耳目一新」。

(3) 暫時閉上雙目，讓思路片刻躍出現實，回憶一下往日美好溫馨的情景。

(4) 進行幾分鐘的有氧運動或健身操，很快可以改變心理感覺。

(5) 讓孩子給某位性格開朗、樂觀的親朋好友打個電話，他們能給孩子熱情的鼓勵，或者寥寥數語即能解惑去煩。

(6) 看一部逗笑的電視劇或喜劇電影。

(7) 想想如何幫助周圍某個遇到困難的人。做好事永遠是讓自己快樂的好辦法。

轉化孩子的情感

父母應該改變一下不合時宜的教育模式，轉換自我角色，給足孩子自我空間，多以平等的方式與孩子交流，給孩子營造快樂的氛圍，給孩子一些積極的暗示，讓孩子在快樂中健康地成長。

在朋友家裡，威廉聽到了讓他終身難忘的一席話：「今天走的路，你要記在心裡，無論你與目標之間有多遠，也要學會輕鬆走路。只有這樣，在走向目標的過程中，才不會感到煩悶，才不會被遙遠的未來嚇倒。」

其實，每一個孩子都願意履行對他信任的人的承諾。如果家長和老師能給孩子一份最誠摯的信任和鼓勵，他就會敢於向前奔馳，取得讓人刮目相看的好成績。

不快樂的後果

新學期伊始，來了一位老師，要每位學生買一條金魚，然後帶回家養起來。

老師每天都會問他們，家裡養的金魚快不快樂。過了一個月後，許多孩子養的金魚都死了。

問他們魚死的原因時，孩子們都說不知道。

這位老師告訴孩子，每條金魚都有壽命，如果牠是快樂的，可以活得很長；如果牠是不快樂的，那麼牠只能活一個月，甚至更短。

孩子們想知道讓金魚快樂的辦法。

老師說：「這不算難，定期給金魚換水，給牠吃不多也不少的食物，食物太多，牠會脹死；太少，又會餓死。還要在玻璃盆裡放入水草，讓牠覺得自己生活在自然環境裡，最好還應有一條小魚陪伴牠，讓牠不至於太孤獨……」

孩子們承認自己都沒有做到這些。

對大人來說，孩子其實就如一條金魚，沒有快樂就不能健康成長。可許多家長太看重名利，而忽視快樂對孩子的重要性。

在第二十八屆全球心理學大會上，美國心理學專家琳達．卡姆拉斯發表的《中美兒童發展》引起了許多人的關注。她的研究結果顯示，三歲的美國孩子微笑要比同齡的中

國孩子多五五．六％。美國孩子比中國孩子愛笑，意味著美國孩子比中國孩子更快樂。

不快樂會導致什麼？對金魚來說，會失去生命；對人而言，長期的不快樂會導致憂鬱症。調查顯示，中國目前約有二十％的兒童出現憂鬱症狀，其中四％爲臨床憂鬱，即，需要接受臨床治療的重症憂鬱。臨床診斷表明，兒童異常的心理問題通常表現爲焦慮不安、憂鬱、恐懼等，異常行爲問題則包括自閉、攻擊心強、膽小、表達能力差、注意力不集中、自制力差、不合群等。

澳大利亞專家莫尼卡．屈斯克利博士，曾設計了一個關於兒童自制力的實驗：孩子們面前有兩盤巧克力，一盤多一盤少，只要能多忍耐十五分鐘，就可以吃到多的那盤，反之則只能得到少的那盤。這項延續了七年之久的跨文化實驗結果是，在參加該實驗的上百名三至四歲的中國兒童中，超過八十％的兒童只忍耐了幾分鐘就按鈴呼喚實驗人員要求得到巧克力，而六十六％的澳大利亞孩子都得到了多的那盤。

可見，中國孩子的自製力不容樂觀。

近些年來，青少年沈迷於網路，跟自閉、不合群、自制力關係很大。大陸的首都師範大學心理學系雷靂博士發現，自制力較差的孩子容易受到網路的消極影響。那些單純注重現時享樂的孩子極易出現網路成癮的症狀。那些不合群的孩子，由於在現實的人際關係中遭遇困難，就只好求助於網路的虛擬世界，以建立自己的人際關係。雷靂指出：「這使他們在現實中更加封閉和孤立。」

然而，美國密西根州立大學教授琳達．傑克遜追蹤調查一百三十個平均年齡爲十三．五歲的美國孩子後指出，美國孩子並不經常使用網上聊天工具。許多美國孩子說，既然有父母和朋友，爲什麼要同陌生人交談。台灣孩子由於父母不能和他們平等溝通，再加上現實中的人際關係障礙，反而促成了孩子沈迷於網路，而父母的粗暴干涉，又激發了孩子的逆反心理。

因此，中國的父母應該改變一下不合時宜的教育模式，轉換自我角色，給足孩子自我空間，多以平等的方式與孩子交流，給孩子營造快樂的氛圍和一些積極的暗示，讓孩子在快樂中健康成長。

把快樂贈給孩子

先說一個故事。

二十歲的他已是上海復旦大學生物系的高材生，再過一年就能拿到學位。但出人意料的是，他退學了。他從小的夢想就是哈佛大學，因此離開復旦，對他來說並沒什麼，他只是爲了簽證，在國內等了四年，第三次申請才獲准。

他做了十多年哈佛夢，但就在一九九八年即將獲得哈佛大學遺傳學博士學位時，他又做出一個令人費解的決定——放棄博士學位，跟著一位同學回國創業。

同學的名字叫張朝陽，他和這個在ＩＴ界創造中國神話的人白手起家，最後成爲搜狐網站的中堅分子。一九九九年，在即將升爲搜狐第一副總裁的時候，他竟然又撒手離去。原因很簡單：他不是給別人工作的人，幫別人成爲英雄不是自己的夢想。

接著，他創辦了「ｅ龍網」。就在「ｅ龍網」破土而出，取得六千萬資金支援時，他又做出一個更令人費解的決定——離開ｅ龍不幹了。

十多年來他遇到了若干機會，只要抓住哪一個，都能功成名就，但他沒有堅持下去，而是在到達巔峰的時刻，滿意地轉身而去。

有人說他不算英雄，但是他不承認。他說人生在於不斷追求，這個過程應該是快樂的、自我的，是按照自己的價值體系來衡量的。功成名就並不是一個人的終極價值。

這個人的名字叫張黎剛。他說，天下唯有一種英雄，那就是「人性的英雄」。他只爲享受成功過程中的快樂，而把成功的果實給了別人。

我們這個社會目前還不懂讚賞他的價值觀，但他要是不善於追逐快樂，也未必會有這麼多令人豔羡的機會。

無論怎麼說，快樂對於人的健康成長是極其重要的。

有位鄉下父親特別愛唱歌，不僅在家裡唱，而且還會到村外唱；不僅早上唱，晚上也唱。他的孩子都是在他的歌聲中長大。當家裡來了客人，飯吃到一半，這位父親就會提議：「你來了我很高興，我送給你一支歌好不好？」客人有點吃驚，因爲在別人家中做客從來沒有受到過這種隆重待遇，還沒來得及表態，他就調整嗓子唱了起來，還會站起來手舞足蹈，但姿勢很自然。

這位父親還很注意聽衆的口味，會體貼地讓他們點歌，孫子結婚時唱的是《花好月圓》，給小兒子女友唱的是《花兒爲什麼這樣紅》、《妳就像一朵玫瑰》，給朋友們唱過《友情》、《流浪到淡水》。

現在許多歌手唱歌，常講廢話，還邊唱邊要和人握手，而且動不動就要求「來一點

掌聲」。這位父親說唱就唱，不會作秀，只是希望把心底的快樂傳遞給身邊的人，所以他是一個好歌手。

欣賞過這位父親小型獨唱會的朋友們，都很難忘這歌聲，尤其是那單獨獻給他們的歌聲。

樂器中，這父親最喜歡口琴，因爲成本低且便於攜帶。其實無論什麼樂器，二胡、板胡、小提琴等等，只要一到父親手中，摸索三下兩下，就會發出奇妙的聲音來。

這家人中繼承父親特質的，首推三兒子。三兒子開了一個小鑄造廠，雇了十幾個男女工，他犒賞這些離家在外打工者的親和方式，就是花生米大鍋菜啤酒外加霹靂歌舞。一個長得很酷的黑大個兒，月亮下且歌且舞，眞是酒不醉人人自醉。顯然，工人們在不景氣的情況下，還能和老闆共度難關，和這一場場同歡共樂有很大關係。

當然，他的孩子也不是個個都唱得好，但他從不批評苛求，總說：「好，唱得好！」又把口琴的調調整得再低一些，配合大家唱。

這位父親影響了很多人，尤其是激起了孩子們對生活的熱愛，對未來的夢想……

輕鬆快樂的人會取得更好的成績

美國專欄作家威廉．科貝特曾經說過：「我們的目光無法一下子投向數十年之後，我們的手也無法一下子就觸摸到數十年後的那個目標，其間的距離，我們爲什麼不能用快樂的心態去完成呢？」

威廉年輕時，頗有理想。由於他急於成功，便辭掉了報社的工作，一頭栽進創作中。不久，他感到十分痛苦和絕望，因爲心中的「鴻篇巨著」怎麼也寫不出來。

一天，在街上碰到朋友，就向他傾訴了內心的苦惱。

朋友聽了，對他說：「咱們步行去我家，好嗎？」

「步行去你家？至少也得走上兩個小時。」

朋友見他退縮，便改口說：「不然到前面走走就好。」

一路上，朋友帶著他到射擊遊藝場觀看射擊，到動物園看猴子。他們走走停停，不知不覺，竟走到了朋友的家裡。兩個多小時走下來，他們都沒有感到一點累。

在朋友家裡，威廉聽到了讓他終身難忘的一席話：「今天走的路，你要記在心裡，無論你與目標之間有多遠，也要學會輕鬆走路。只有這樣，在走向目標的過程中，才不

會感到煩悶，才不會被遙遠的未來嚇倒。」

威廉恍然大悟：「我們今天走了兩個多小時的路，按理說應該很累，可我們輕輕鬆鬆就走了這麼長的路，這是因爲我們一路上都很快樂呀！」從此，威廉改變了創作態度，不再把創作看成是一件苦差事，而是在輕鬆的寫作過程中，盡情地享受創作的快樂。不知不覺間，他寫出了《莫德》、《交際》等一系列名篇佳作，成爲美國一位著名的專欄作家。

著名電視節目主持人吳小莉回憶自己高中時，一位英文老師曾說：「世界上什麼人最快樂？只有重度智慧不足者最快樂，因爲他們單純得不明白什麼叫不快樂，但是在座的各位都沒有這種單純快樂的能力，所以唯一的方法，就是讓自己聰明一點，懂得尋找人生的快樂。」

當我們還是小孩子的時候，快樂是很單純的，長大後若要維持快樂，則需要智慧。一個成長的人，健康的人格尤其重要，我希望自己一直保持這樣的快樂，輕鬆度過人生的起伏。積極的快樂其實是人生很高的境界，在某種程度上，是心智修煉的成果。所以，在我做準媽媽的時候，更要求自己保持快樂積極的心境，這是給寶寶最好的「胎教」了。幾年前在香港電臺要做一個談生活的節目，主持人必須在片頭詞上說一兩句生活感受，我脫口而出：「我希望我的生活是不斷快樂的累積！」

這是我的夢想，我至今仍然在努力實踐它。我特別感謝我的父母給了我熱愛生命和歡樂的能力，我會寶貝到老，老到雞皮鶴髮，你仍會看到我開懷大笑的模樣，即使那時我已老掉了牙！但至少我知道我成功地活過每一個時刻。

南非前總統曼德拉也曾說：「生命中最偉大的光輝不在於永不墜落，而是墜落後總能再度升起。」我欣賞這種有彈性的生命狀態，快樂地經歷風雨，笑對人生。

讓孩子保有對世界的信任

有個朋友在美國一家幼稚園上學。那天送孩子去幼稚園，才進門，老師就跑來興奮地對孩子的父母說：「我們有好消息給你！歡歡的自行車找到啦！」

接著，全體小朋友一起唱歌祝賀，每人都跑來擁抱了他一下，真比丟車的人還高興。

車是怎麼丟的呢？上周五，歡歡把自行車忘在活動中心外的草坪上，第二天才想起

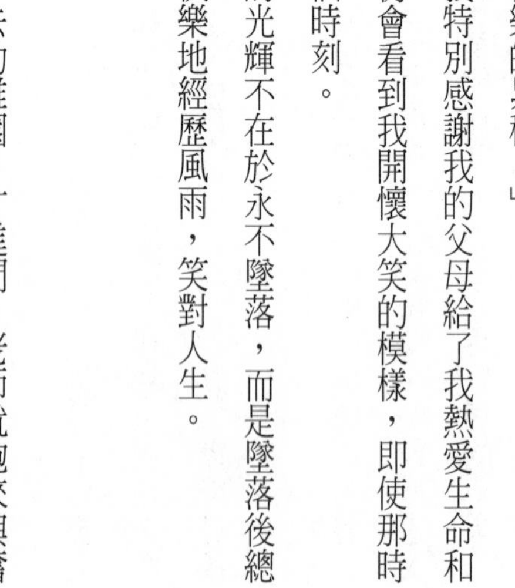

來，回去一看早不見了，他很傷心。

按家長的想法，自己粗心忘了東西，丟了也就丟了，安慰安慰就算了。但歡歡從幼稚園回來後說，老師聽了這件事很生氣，說一定要幫忙把車找回來，必要時可能還要找警察。因爲老師曾看見一個小孩騎著歡歡的自行車到處跑，他卻說是自己的。

原來，這是一個高年級的孩子把車偷走，又送給了那個小孩。那個大孩子因此被罰兩星期不得去活動中心。

歡歡的父母有點不安：「兩個星期，是不是罰得太重了？是我們自己把車忘在外面了呀！」他們認爲，那大孩子是「撿」了一輛車，因爲車沒上鎖，也沒放在停車位。

老師鄭重地說：「這是很嚴重的品德問題，即使是別人忘記的東西也不應該碰！對孩子而言，他去年已經丟了一輛自行車，如果這輛車再找不回來，會影響他對世界的信任。」

許多父母習慣責備孩子，其實，保護孩子對世界的信任是一件大事。

多年前，一艘貨船行駛在蒼茫的大西洋上。一個黑人小孩不慎掉進了波濤洶湧的大海裡。孩子大喊救命，由於風大浪急，誰也沒聽到呼救。儘管貨船離他越來越遠，但求生的本能使他拼命地掙扎。不一會兒，這孩子四肢無力，可一想到船長那麼慈祥和藹，就覺得他一定會來救我。

終於，船長發現一個孩子不見了，斷定孩子是掉進海裡，於是下令掉頭去找。這時有人勸道：「都這麼久了，算了吧，沒被淹死，也讓鯊魚吃了……」船長猶豫了一下，還是決定回去找。又有人說：「爲一個黑奴孩子，值得嗎？」船長大喝一聲：「住嘴！」

幸運的是，就在那孩子將要沈下去的最後一刻，船長趕到，救起了孩子。

當孩子甦醒過來，跪在地上感謝船長的救命之恩時，船長扶起他吃驚地問：「孩子，你怎麼能堅持這麼長時間？」

「我相信您會來救我的，一定會！」

「你怎麼知道我一定會來救你？」

「因爲我認爲您是那樣的人！」

話音剛落，白髮蒼蒼的船長「撲通」一聲跪在黑人孩子跟前，淚流滿面：「孩子，不是我救了你，而是你救了我啊！我爲我在那一刻猶豫而感到羞恥……」

雖然船長也有過放棄的念頭，但他畢竟還是及時地趕回來救起孩子。船長值得稱道的爲人，讓這個孩子保有對世界的信任。

從上面的故事，足讓人看到信任的力量。孩子要是對世界萬念俱灰，那他馬上就會被這無情的現實給吞噬了。信任就是生命的力量和支柱，給落難孩子極大的希望，堅定著他必生的信念。

身爲家長和老師，應當相信孩子，在信任的鼓舞下，孩子在學習與生活中眞的會很行。

有位語文較差的學生，期中考只得了五十九分，他生怕回家被父母訓斥，於是私下對語文老師說：「老師，請給我的作文加一分吧，就一分，求您啦！」老師想了一會兒，說：「可以。不過你得想好，加的一分是老師借給你的。分數可不是隨便借的，這次借一，下次還十，再下次還二十，不然就不借。」

小孩猶豫了一下，便鼓足勇氣答應下來。期末考試，小孩實際分數八十二分，老師的給分是七十二+十分，並在卷子上註明：精神嘉獎分。他是全班唯一得精神嘉獎分的學生。於是爲求表現，小孩拼命用功，第二年期中考試，他得了九十六分，老師的給分是七十六+二十分，奪得了全班最高的精神嘉獎分。

原來，保護孩子心中那點星星之火，就足以使孩子暴出智慧的光芒。

其實，每一個孩子都願意履行對他信任的人的承諾。如果家長和老師能給孩子一份最誠摯的信任和鼓勵，他就會敢於向前奔馳，取得讓人們刮目相看的好成績。

讚賞孩子的微笑

微笑可以打贏官司，可以價值萬元，可以挽救生命……可見微笑的力量真的是舉足輕重。有人甚至認為，忘記微笑是一種嚴重的生命疾患。

微笑能構築和平，能博得理解，能有益健康，能感動心靈……總之，微笑的人生才是最美的。

真誠的微笑價值連城

關於微笑的故事有很多很多，我年少時代就知道這麼一個。

有個漂亮活潑的美國小女孩，在一場突發事故中燒傷了右臉。由於神經受損，她的右臉除了不忍目睹，且永不再有任何表情。孩子的父母對責任者提出告訴。法庭上，律師先讓少女將燒壞的右臉對著陪審團，陪審席上的人個個都面露同情和惋惜狀。律師接著讓少女把完好的左臉轉向他們。她的左臉上掛著動人無比的微笑。左右反差之大，令人心驚。沒過多久，陪審團就一致裁定肇事方敗訴，並立即支付傷者大額賠償金。微笑的價值在法庭上獲得具體的價值肯定。

也是在美國，二十多年前發生過這樣的故事。

加州有一位六歲的小女孩，偶然遇到一個陌生的路人，那人竟一下子給了她四萬美元的現款。消息一傳出去，整個加州都爲之震撼。

許多記者紛紛前來訪問。「小妹妹，路上遇到的那個人，妳認識他嗎？他是妳的遠房親戚嗎？他爲什麼會給妳那麼多的錢？那位給妳錢的先生，他是不是腦子有問題……」

小女孩露出甜美的微笑，回答：「不，我不認識他，他也不是我的什麼遠房親戚，我想……他腦子應該也沒有問題！爲什麼給我這麼多錢，我也不知道啊……」記者們用盡一切方法追問，也還是不得而知。

鄰居和家人也感到很奇怪。最後，他們試著用小女孩熟知的方法來引導她，要她回憶一下，爲何那個過路人會給她這麼多錢。

小女孩努力地想了又想，十分鐘後，她忽然明白似的說：「就那一天，我剛好在外面玩，在路上碰到那個人，當時我對他笑了笑，就只是這樣呀！」

「那麼，他有沒有說什麼話呢？」父親接著問。

「他好像說，『妳天使般的微笑，化解了我多年的苦悶』。爸爸，什麼是苦悶啊？」

原來那個陌生人是一個不快樂的有錢人，由於他臉上的表情始終非常冷酷而嚴肅，當地根本沒有誰敢對著他笑。他偶然遇到這個小女孩，對他露出眞誠的微笑，使他的心不由得溫暖了起來，融化多年凍結在心靈上的堅冰。

要是一個天使般的微笑，能夠打開心中糾纏多年的死結，這樣的笑容應該是無價的。

又想起九年前從書上看到的一個故事。在西班牙內戰時，一位國際縱隊的普通軍官不幸被俘，受盡折磨。就在被處死的前夜，軍官搜遍全身，意外發現半截縐巴巴的香煙。他想吸上幾口，緩解臨死前的恐懼，可是沒有火柴。再三請求之下，鐵窗外那個無動於衷的士兵總算掏出火柴，劃著火。當四目相接時，軍官情不自禁地向士兵送上了一絲微笑。奇怪的事情發生了，那士兵在幾秒鐘的發愣後，嘴角不太自然地向上浮起，最後竟也露出了笑容。後來兩人開始交談，談到了各自的故鄉，以及他們的妻子和孩子，甚至還相互傳看了他們與家人的合影……就在天色漸亮而軍官淚流滿面時，那士兵竟然悄悄地放走了他。微笑，溝通了兩顆心靈，挽救了一條生命。

微笑可以打贏官司，可以價值萬元，可以挽救生命……可見微笑的力量眞的是舉足輕重。有人甚至認爲，忘記微笑是一種嚴重的生命疾患。因爲只有懂得微笑的人，才會有內心的寧靜和眞正的幸福，否則生命中必有遺憾。

捐一個微笑給他人

微笑能構築和平，能博得理解，能有益健康，能感動心靈……總之，微笑的人生才是最美的。

有位母親牽著女兒的手，正排隊等著捐款。

快輪到她們了，只見捐款台上擺了個用紅紙包裹的募捐箱，紙上寫著：「向地中海貧血兒童獻愛心」。很快，年輕母親捐完了款準備走，守在募捐箱旁的一個中學生模樣的姑娘似乎被可愛的小女孩吸引住了，拉住她的手，逗她：「小妹妹，媽媽給患病的哥哥姐姐捐錢了，妳捐點什麼呀？」

小女孩沒言語，看看母親，又看看彎腰跟她說話的姐姐，手在口袋裡掏了幾下，什麼也沒有，嘴一撇，竟哭起來，原本只想逗逗孩子的中學生慌了神，漲得面紅耳赤，尷尬地站著，一臉歉意看著小女孩的母親。

還是年輕的母親有經驗，一點都沒慌，邊給孩子擦眼淚邊說：「洋洋，妳給姐姐笑一個，就說自己捐一個甜甜的笑給患病的哥哥姐姐。」

小女孩眞的立刻笑了，儘管臉上帶著淚水，那笑也顯得很彆扭，卻讓人很感動。有人看著母女倆已經朝前走去，但那個漂亮的小女孩又回過頭，一次，兩次，三次，每一次臉上都帶著甜甜的笑。哦，這是天使般的笑，總共有六個。

一位朋友向我講了一段他的往事。那是高二時，他們班來了一位年輕美麗的女教師。這位老師是教英語的，臉上總是掛著淡淡微笑。朋友的成績一般，但很愛寫作。一天，他終於鼓起勇氣，把自己一篇獲過獎的散文及其英語譯文交給老師：「我想用英文投稿，請您修改一下。」他說得結結巴巴，但老師很爽快地答應了。

就在第二天上課前，她便把文章給了他：「翻譯得還不錯，你再潤一潤稿就行了！」我的朋友仔細一看，不但補上了所有留空的生詞，而且對語法和結構也做了調整，甚至還把一些「中式英語」改爲地道的英美俚語。最後還留下了這樣的評語：「我知道，能寫出如此飄逸散文的男生，心一定很敏銳。我不贊成男孩子感傷，但是能將感傷美化到如此引人共鳴的地步，就值得大家分享了！繼續努力吧，有困難再來找我！」

這篇叫《雨季不再來》的散文，講的是少年的他，從那段情感的廢墟中走出後，比從前堅強成熟多了。

此後兩個多星期，我的朋友成天泡在圖書館裡，查資料，不斷修改稿子，請老師再修改之後，投了出去。

很快，文章發表了。電話中，老師很高興，鼓勵他繼續努力，一向不善言辭的他，只是不斷地說「謝謝」。她微笑道：「那是你的成績，我爲你感到高興，我只要你給我一個微笑就行！」

包容孩子的過失

一個人的心靈是靠尊嚴支撐著的，如果孩子出現一點過錯就被指責，那只會傷孩子的自尊，孩子失去了尊嚴就不能健康地成長。

當孩子有不當之舉，如果老師以一顆包容心去對待孩子，並加以一定的引導，就會出現好的效果。

讓孩子在包容心裡健康的成長

周末聚會，和幾個朋友喝茶聊天，不知是誰談起了那些頗令人感動的事情。

宋講了一個聽來的故事。他說，邁克有兩個兒子，一個五歲，一個七歲。這天，他在院子裡教大兒子傑克使用割草機。正當他教兒子怎樣在草坪盡頭推動割草機時，妻子瑪麗喊住了他。邁克回身同妻子說話，傑克此時推著割草機衝過草坪邊的花圃，留下了一條兩英尺寬的小徑。邁克回轉身來，看到發生的一切，有些失去控制。要知道，他花了多少時間和精力去培育這片花圃。就在他提高嗓門要訓斥兒子時，瑪麗快步走過來，手按在他肩上，說：「親愛的，想想看，我們養的是孩子，不是花！身爲父母，分別輕重緩急是多麼的重要。那些割草機輾過的花已經死了，我們不能再傷害孩子的自尊，以免錯上加錯。」

接過宋的話題，趙說了一個自己的故事，他說的是一位老師。那時，他很怕寫作文，老師一出作業，他就擔心。有一次，老師要同學們寫一篇《快樂的周末》，但他無論如何也寫不出來，於是找來一本作文書，抄了一篇。作文交上去，老師沒有發現，結果給了很高的分。當老師在同學們面前朗讀這篇作文時，突然有個同學站起來說：「這篇作文是抄的。」老師停止朗讀，他也羞愧得低下了頭。「對呀，趙同學在作文上已經註明了，抄一篇作文，也是一種學習。」說著，老師意味深長地看著他。

聽了趙的故事，大家都覺得這眞是一位好老師。我也講了一個在德國頗有影響的新銳畫家肖恩的成長故事。

十七歲那年，肖恩的父母離婚後，他跟父親生活在一起。但母親的離去，使他的生活黯淡起來。肖恩本渴望成爲一名畫家，可現在對什麼都不感興趣了。他眞的很愛母親，那時，每逢自己完成一幅畫，她都會報以溫柔而又迷人的微笑。

過了一段時間，班主任休產假，來了一位名叫凱拉的代課老師，這位年輕女教師的嘴角經常露出笑容，和肖恩母親很神似。

從看見凱拉笑臉的那一刻起，肖恩就喜歡上她。是的，年輕女教師的出現，激起懵懂少年對美好事物的無限嚮往。其實，不止肖恩，同學們都喜歡上了這位善良、親切和美麗的老師，還專爲她舉辦了一場舞會。

最令肖恩興奮不已的是，擁有優雅身材和曼妙舞姿的凱拉，邀請他跳了一曲狐步舞。肖恩深深地迷上了這位老師，甚至幻想著能和她生活在一起。

很快，班裡展開夏令營活動。營火晚會上，肖恩渴望老師再次邀請他跳舞，可同學們都爭先恐後地搶在他前面。肖恩心裡一陣不快，便獨自到離營火不遠的河邊想心事。

突然，凱拉朝河邊走來，並沒有看見他。那天晚上的月光特別明亮，她先是洗了一把臉，回頭一看四下無人，便脫下衣服，跳入水中。肖恩羞得面紅耳赤，因爲他意識到偷看是不道德的，但強烈的好奇心使他無法控制，趴在樹木叢下，貪婪地欣賞著月光下那女神般的動人軀體。

正當肖恩意亂情迷時，不小心碰響了一塊石頭。凱拉緊張地大叫：「是誰？」

凱拉看到肖恩，肖恩驚慌得不知所措。但很快，老師把頭扭到一邊，他趁機躲到了樹的黑影中。

有些耳尖的學生聽到老師的尖叫，都跑了過來，異口同聲地問：「老師，發生什麼事了？」

肖恩一聽，害怕得腿都軟得支撐不了顫抖的身體。忽然，他聽到老師的聲音：「沒什麼，我剛才看見一隻狐狸。」

「狐狸？在哪裡？」同學好奇地問。

凱拉笑道：「跑了，狐狸是朝那邊跑的，我們要是快點，說不定還能捉住牠呢！」說著，故意朝肖恩相反的那邊路面指了指，帶著同學們笑著離開了。

第二天，凱拉仍然微笑著像過去一樣面對肖恩，彷彿什麼也沒發生似的，甚至還說，昨夜沒跟他跳一曲狐步舞，感到很遺憾，有機會一定得補上。

老師的寬容與愛心深深感動了肖恩，他發誓，這輩子一定得做出一點事來，才對得起老師的一番良苦用心。

十年後，肖恩出名了。但有誰知道，他的書房卻始終懸掛著一幅筆法欠佳的畫作：

在銀白色的月光下，一隻狐狸驚慌地向前奔跑著，身後留下一串雜亂的足跡，可牠扭過頭來向後張望，充滿淚水的眼中，洋溢出無限的感激，就好像是在別人的幫助下逃過一場劫難。順著狐狸的視線望去，畫的右側角落裡，有迎風飄起的裙角在河邊的樹下起舞弄清影。

是的，這是一幅感念的作品，正是因爲年輕女教師的寬廣胸懷，使得肖恩成爲一名才華橫溢的畫家。

最後，輪到了王，他講了一個聽來的故事。說是一個姓陳的學生，偷了老師的鋼筆，在十多年後的一個教師節來向老師認錯。這位學生事後才知，那支鋼筆是老師已故情人留下的唯一紀念物。當時有位老師說要立刻搜查教室裡所有的學生。同學們一聽全都義憤塡膺，爲了證明自己的清白，紛紛舉手贊成搜查。偷筆的學生害怕極了，可老師擺了擺手，阻止了將要發生的一切，平靜地說不想以這種方式得到答案，只希望那個拿走鋼筆的孩子能好好地愛護它，認眞地使用它。並且終有一天會明白自己的錯誤，承認自己的錯誤。還說，孩子，不用敲門，我的門永遠都爲你敞開，希望有那麼一天，你會走到我的面前，勇敢說出眞相。

老師的寬容給了學生一道勇氣的陽光，一個成功的未來。這位學生格外愛護這支筆，並讓它陪著自己到了大學畢業，現在特來請求老師接受這份遲來的道歉。

在包容心裡引導孩子的行為

如果你是一名女子，有人要當衆測量你的腰圍，你會怎麼想？是不是會惱羞成怒罵對方流氓？

一所小學數學課，體型稍胖的年輕女老師，講完公分、公尺概念後，讓學生們測量桌子、鉛筆和手臂的長度。兩分鐘後，被點名的同學報出答案，都得到表揚，張張小臉興奮得紅紅的，嘴巴笑成了一朵朵花。那些沒被點到名的學生著急了，有的站起來，有的跳著，有的甚至爬到椅子上，高舉著手：「老師，快叫我快叫我！」

量過桌子、鉛筆和手臂的長度後，老師說，我們再找找別的東西測量一下。老師的話剛說完，有個一直沒得到機會的瘦小男孩站起來：「老師，我想測妳的腰圍。」

同學們頓時靜了下來，都轉過頭或側過身看著這個瘦男孩，接著又把目光對著老師。老師低頭看了一下自己的腰，然後靜靜地看著那個學生，笑道：「好啊，你來量

吧。」

小男孩拿著尺，迅速跑到老師跟前。他用手按住尺的一端，讓尺在老師的肚皮上翻著跟頭，翻了好幾趟，他說出了一個答案：「八十七公分。」

「不錯，他量得很認眞，答案也比較接近。但是，其他同學有沒有更好的辦法，測得更準確一些？」

話音剛落，一個胖乎乎的女孩站起來說：「老師，我有，我用手。」說完，小女孩便朝老師跑去。

老師問：「妳用手怎麼量呢？」

小女孩說：「我一掌是十一公分，看有幾掌就知道了。」

老師笑了。

小女孩的手在老師的腰上爬，爬了一圈之後，就報出了答案：「八十九公分。」

「有沒有更好的辦法？」笑容在老師的臉上綻放。教室裡靜悄悄的。很快，前排的一個小孩站起來，「老師，把褲帶解下來，我一量就知道了。」

這個辦法確實好，小小的孩子能想到眞是難能可貴。這時，老師大笑起來，眞正的開懷大笑。老師一邊笑，一邊真的解下了褲腰帶。

小同學量出的是九十公分，這當然是最準確的一個答案。

要求公開測量女士的腰圍，不能算孩子的過失，但有些女老師可能接受不了。其實，當老師以一顆包容心去對待孩子，並加以引導，就會出現好的效果。這樣的課會讓孩子銘記一生，那個敢提出測量老師腰圍的孩子，也會因老師的包容而更加自信。

美國著名醫藥發明家斯蒂文．格倫，小時候很喜歡喝牛奶。有一次他打開冰箱，拿大罐的牛奶，結果沒拿穩，把整罐牛奶打翻了。

他害怕地縮在牆角，擔心會挨罵。母親走了過來，並沒有生氣，而是溫和地說：「你好厲害，媽媽長這麼大，都沒有看過這麼漂亮的牛奶海洋。你願意趁我們打掃前，在牛奶海洋裡玩一會兒嗎？」當然，他這樣做了。玩了十分鐘後，媽媽和藹地說：「不管怎麼說，你把地弄髒了，得打掃乾淨。我們可以用海棉、拖把或抹布，你喜歡用那種呢？」格倫選擇了海棉。母子倆於是挽起衣袖，將廚房打掃得很乾淨。這時，媽媽又把兒子先前打翻的塑膠牛奶罐裝滿了水，放進冰箱，然後教他怎麼拿才不會打翻。長大後，格倫成了一個勇於不斷嘗試的發明家。

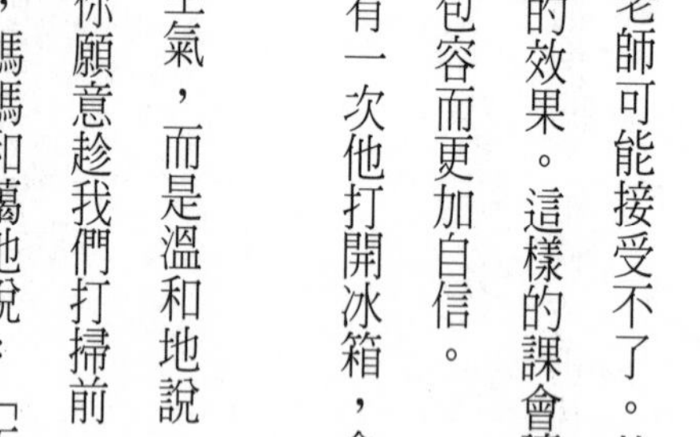

教育專家指出：「當一個錯誤已經發生而覆水難收的時候，發再大的脾氣，也是於事無補，而且憤怒可能會造成更多的錯誤。孩子的情緒和心境好壞與否，是會影響未來的。」

假如我們的父母以不慌不亂、心平氣和的態度來面對孩子的過失，就不用去害怕錯誤。錯誤只不過是通向未知的大門，而那些未知是科學新知的泉源。即使眞的不能從錯誤裡發現什麼，我們的孩子也能從中學到一些有價值的態度。

蘇聯著名詩人米哈依爾．斯維特洛夫就是一位教育孩子的高手。有一天，他見一家人慌做一團，詩人的母親正在打電話給醫院請求急救。原來，詩人的小兒子舒拉調皮地喝下半瓶墨水。詩人明白，墨水不至於使人中毒，用不著驚慌，這正是教育舒拉的最好時機。於是他輕鬆地問：「你眞的喝了墨水？」舒拉得意地坐在那裡，伸出帶墨水的舌頭，做了個鬼臉。詩人一點不惱，從屋裡拿出一疊吸墨水的紙來，對小兒子說：「現在沒辦法了，你只有把這些吸墨水的紙使勁嚼碎呑下去了！」一場虛驚就這樣被詩人一句幽默的話沖淡了。此後，舒拉再沒有爲了出風頭而胡鬧。

一些男孩有時會故意打破常規，想用異常行爲來證明自己的勇敢，好引起大人的注意。此刻，如果採取硬碰硬的方式，孩子很有可能變得更加強硬，做父母的與其嚴厲壓制，不如適當加以疏導，效果更佳。這就好比「大禹治水」的道理。

皮萊特(John M.Platt)在其著作的一本講家庭教育的書《Life in the Family Zoo》裡，回憶童年時母親如何杜絕他玩火柴的癮頭。她把家裡一切要點火柴的活兒都留給他幹，無論他是津津有味地看書，或在院子裡自得其樂，還是在街上和小朋友玩，他母親都興致勃勃地把他叫來，要麼點爐子，要麼點烤箱，要麼點蠟燭……當然，母親總是在一旁看著並指導他。不出兩個星期，小皮萊特對點火柴這事兒厭煩得不得了，更別提偷偷去玩它了。

長大以後，皮萊特成了一名家庭教育諮詢專家。他曾變通母親的方法，成功幫助一個十來歲的孩子戒掉了吮手指的毛病。父母不願看到這麼大的孩子還在吮手指頭，於是那孩子就躲起來偷偷地吮。諮詢師建議父母與孩子達成協定：每天放學後的二十分鐘定爲吮手指頭時間，孩子可以自由地在任何地方吮手指頭，但其他時間就不許了。起初，這孩子一放學就在客廳裡迫不及待地吮她的手指頭，當著衆人的面，她使出吃奶的勁兒，弄得嘖嘖有聲。有一天吮著吮著，一看父母，忽然臉一紅，噗哧一聲笑了，她父母

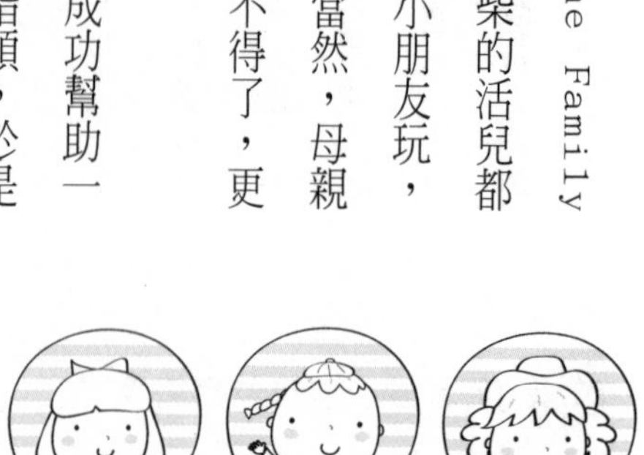

也笑了。之後，她對吮手指這事兒就沒了興趣。

皮萊特指出，有些事孩子本不該做的，但如果屢禁不止，做父母的就特許他在特定的時間範圍內，有父母在場的時候做，時間長了，那事情對孩子就不再有什麼神秘的吸引力了。

培養孩子的自信

冬天的冰雪看似在一夜之間融化，但實際上是在很早以前，從最寒冷的那一天起，冰就已經開始融化了，只是沒有人注意到。你的失敗不就是暫時的寒冷嗎？沒有一種冰不被陽光融化，自信是融化內心堅冰的陽光，只要你自信，失敗就會像冰一樣地被陽光融化。

在絕境面前，人們需要處亂不驚、鎮定自若以及足夠的信心，這樣才能發揮所有潛能，把劫難變成機遇，從「心」出發，走向柳暗花明。

沒有哪種冰不能被陽光融化

我們常常互相祝福「一帆風順」，其實仔細想想，人生一帆風順的時候並不多，倒常常是困境比順境多，失敗比成功多。

一名學生基測落榜，整天渾渾噩噩。

父親樂觀地勸他：「孩子，別這樣，東方不亮西方亮，人活一世，三十年河東三十

年河西，沒有過不去的。你就再考一年吧，哪裡的土地不長莊稼？」

送兒子上學那天，一直無言的父親臨別時說：「兒子，你肯定行的！」

儘管努力了，考試結果並不怎麼理想。那天，父子倆坐在河邊的一塊石頭上，父親抽著煙，兒子滿臉心事。

看著河面上結得厚厚實實的冰，父親忽然問：「你知道冰什麼時候開始融化的？」兒子覺得這種問題太簡單了，便脫口而出：「天氣變暖，氣溫升高的時候。」父親笑了，一臉的執著：「不，孩子，你錯了。冰看似在一夜之間融化，但實際上是在很早以前，從最寒冷的那一天起，冰就已經開始融化了，只是沒有人注意到。你的失敗不就是暫時的寒冷嗎？沒有一種冰不被陽光融化，自信是融化你心裡堅冰的陽光，只要你自信，失敗就會像冰一樣地被陽光融化。」夕陽的餘暉灑在父子身上，父親的意思兒子懂了。

那年七月，這個學生考取了大學。

可見，面對挫折並不可怕，重要的是有沒有自信。愛迪生說，自信是成功的第一秘訣。

日本著名指揮家小澤征爾有一次去歐洲參加指揮大賽，被安排在最後一個出場。評審交給他一張樂譜，正演奏中，小澤征爾突然發現樂曲中出現不和諧的地方。他以爲是演奏家們錯了，就要樂團停下來重奏一次，但仍覺得不自然。這時，在場的權威人士都鄭重聲明樂譜沒問題。面對幾百名國際古典樂權威，他不免對自己的判斷有些動搖。但是，考慮再三之後，小澤征爾堅信自己的判斷是正確的，於是他大聲說道：

「不，一定是樂譜錯了！」

他的喊聲一落，評審立即報以熱烈的掌聲，祝賀他奪魁。

原來，這是評審精心設計的「圈套」，以試探指揮家們在發現了錯誤而權威人士又不承認的情況下，是否能夠堅信自己的判斷。

很多時候，人們與成功無緣，只是因爲他們容易被環境左右，慣於附和權威，缺乏主見。小澤征爾的成功，就在於面對權威，他仍堅信自己的判斷。成功學大師們指出，自信和堅持是成功者必備的素質。當然，在眞理面前，在原則問題上，人們不應當盲目地固執，但只要我們相信自己是正確的，就一定要有堅持的毅力和勇氣，哪怕面對權

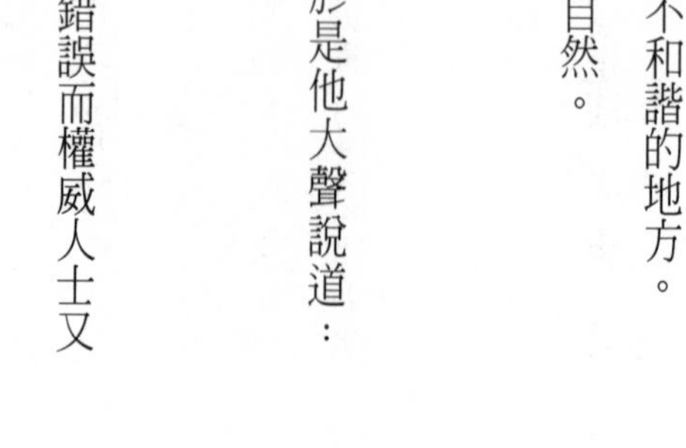

威，也要像小澤征爾一樣，決不屈尊而失去自我。

自信的人並非不會犯錯誤，但是他們勇於正視錯誤，並以此爲借鑑，更進一步。

大陸著名文學家、史學家郭沫若，從小就是一個充滿自信的人。有一次，他和幾個同伴到寺廟裡偷桃子吃。私塾先生查問是誰偷吃了桃子，沒人承認。一氣之下，他寫了一副對子，上聯是：「昨日偷桃鑽狗洞，不知是誰？」郭沫若笑了笑，隨口對了下聯：「他年攀貴步蟾宮，必定有我！」他不無詼諧地回答了先生，昨日偷桃吃的是自己，承認了錯誤，同時也自信地認爲，將來有所作爲的也是自己。

身處絕境也能從「心」出發

如果說人生有絕境，行到山窮水盡處，只要堅定信念，不妄自菲薄，從「心」出發，就能愈挫愈奮，贏得光明的未來。

美國的吉姆．史都瓦自幼患「少年黃斑變性」，十七歲時被醫生斷言「視力將逐漸消失，終至失明」。

後來，吉姆憑藉堅強的毅力，進入歐若．羅伯特喬大學就讀。

遺憾的是，當時他只剩下一點點視力。爲了趕上老師講課的進度，就每天熬夜到半夜三四點，可是這對只剩下一點視力，而且視力還在快速流失中的吉姆來說，眞是太痛苦了。

因此，吉姆在上了十天課後，就決定放棄大學新鮮人的生活，休學回家。

離校前，吉姆去看望給他上了兩次課的教授保羅博士。保羅博士說：「你內心深處有無窮的潛力，有一天，當你回首看時就會知道，這絕對是眞的。」

休學以後，吉姆到一個建築工地當工人，負責鏟混凝土。因這是「剩下微弱視力」的他唯一能做的事。

一個陰冷、刮著強風的冬晨，吉姆站在壕溝裡，用水桶不住地將積水往外舀。心想，天氣轉晴，就可以開始將混凝土倒進溝裡了。

吉姆的手又濕又涼，渾身凍得打顫，饑寒交迫。

此時，工寮的門突然打開，一個老工人走過來，勸吉姆道：「我們剛才討論過了，希望你離開這裡！」

「啊，爲什麼？」吉姆先是吃了一大驚，接著，難過地問：「我做錯了什麼嗎？」

「你並沒做錯什麼。我們都知道，你非常努力，但是吉姆，你可知道，我們來這裡是因為我們沒有一技之長，也沒地方可去。你跟我們不一樣，如果你不離開這裡，有一天，也會無路可走。」老工人停了一下，又說，「吉姆，你該有更大的成就，所以我們決定讓你離開這裡，你一生不應該只待在這工地上！」

老工人這席話深深地震撼了吉姆，他想：「是的，我難道只能一輩子當鏟土工人嗎？」

他的心被敲醒了。含著淚水，謝過工寮裡的工人，離開了建築工地。他興奮地打電話給保羅博士：「我決定復學，我要重回學校讀書！」

後來，吉姆發奮圖強，以「心理學」和「社會學」雙學位從大學畢業，並獲學校最高榮譽獎。二十九歲時吉姆雙目失明，但他因發明了幫助視障朋友「看」電視的方法而獲得美國最高榮譽獎——「艾美獎」，和美國「十大傑出青年傑西獎」。目前，他是「教育電視網」的創辦人，該電視臺在北美有一千多家有線系統加入，收視戶高達二千五百多萬戶。

在絕境面前，人們需要處亂不驚、鎮定自若以及足夠的信心，這樣才能激發所有潛能，把劫難變成機遇，從「心」出發，走向柳暗花明。

有一位作家，在股票交易中損失慘重，一下子跌進貧窮的深淵，從錦衣玉食至潦倒寒酸，但他並沒有洩氣。

他開始節衣縮食，勤奮寫作，期望能依靠賺取的稿費償還債務。朋友們爲了幫助他度過難關，組織募捐，許多人紛紛解囊，一些大公司、大財團更是不惜出鉅資想雇用他寫廣告詞……他一一拒絕這些難得的機會，把自己關在書房裡，一個月，兩月，一年，兩年，日復一日，年復一年，他緊咬一個信念，隨著他一本接一本的新書問世，他很快就償還了所有債務，過起自己的新生活。這位作家就是享譽世界的馬克．吐溫。

俗話說：「大難過後，必有大福。」如果一個人在大災大難中挺得下去，他就能走得出來。《藍色狂想曲》是美國作曲家喬治．蓋希文的第一部交響樂作品，你知道它是如何誕生的嗎？一句話，逼出來的。

有一天，一位爵士樂團指揮請蓋希文寫一部「莊嚴的作品」，寫慣了通俗音樂的蓋希文說自己對交響樂「一竅不通」，難於完成。

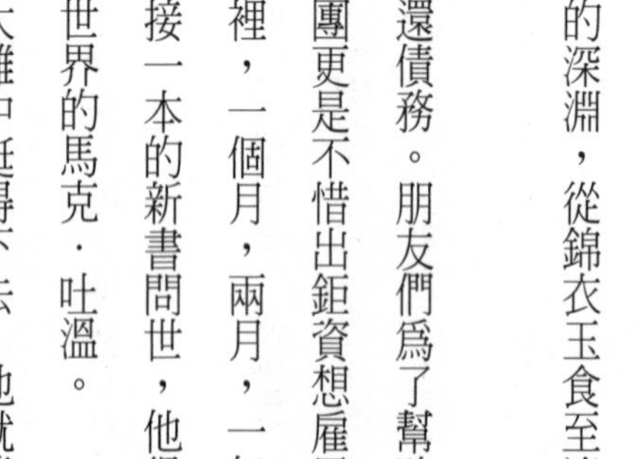

無奈之中，那位樂團指揮想出一條妙計。他在報紙上發佈了一則消息，說三周後在音樂廳上演蓋希文的交響樂作品。

蓋希文看到後哭笑不得，沒想到對方會用這種荒唐的辦法逼自己就範，如果三周後拿不出像樣的交響樂作品，自己的聲譽就要受損。但是交響樂對他來說，確實是一個從未涉足過的領域啊！他感到自己被逼進了死胡同，沒有迴旋的餘地。

沒有辦法，只好硬著頭皮埋頭苦幹。出乎意料的是，兩個星期後，蓋希文居然完成了一部驚世之作——《藍色狂想曲》。首場演出便大獲成功，這首名曲還奠定了蓋希文在樂壇上的地位。

世上無奇不有，當你感覺到在劫難逃時，也許就是一個新生的機遇。在懸崖峭壁前，有的人看到的是絕路，有的人卻看到了一架梯子。蓋希文屬於後者，一架他不喜歡的梯子，結果讓他達到了應有的高度。

幫孩子樹立信心的幾條經驗

父母怎樣幫孩子樹立起自信心，我有幾條經驗和大家分享。

一、相信孩子總有優秀處，善於發現「閃光點」

大陸浙江溫州一位初中老師按照學校《成功教育和人的發展》實驗計劃，舉辦了一次「讓青春閃光」的主題班會，讓孩子寫一篇周記，說說自己身上的「閃光之處」。然而孩子們交上來的周記裡，竟是「不足」多於「優點」，並且約有三分之一的孩子找不到優點。

孩子們爲什麼找不出自己的優點呢？只要將中西教育一比較，就能知其所以然。西方的家長以爲，我的孩子不會是樣樣第一，但總有優秀的地方；而中國家長教育孩子時，似乎總在刻意追求十全十美的境界，有了好成績，不能「翹尾巴」，要謙虛謹愼，多找缺點，發現不足。

可見，正是個性長期遭到禁錮，孩子才發現不了自己的「閃光點」。

著名作家劉墉在其著作《跨一步，就成功》的前言〈發現你的天才點〉中說，母親罵兒子記憶差，老忘英文單詞。然而，這孩子愛看電視，對黃瓜(cucumber)和小老婆(comcubine)、攝護腺(prostate)和妓女(postiute)等類似的單詞，聽人說一遍就記得一清二楚。母親認爲孩子不記正事，專記那些邪奇的事。其實，這孩子的記憶屬於「圖

像式」，或者需要在特殊情況下，比如說點特別的笑話，甚至有點「顏色」的時候，就立刻記得。也就是只要讓孩子感興趣的，他就記得。對於這樣的孩子，愛看電視就讓他看，但是要租DVD，用英文字幕，而且給他一個生字本，每次規定記下十五個新的單詞。可見，被認爲是「笨」小孩的，也有「閃光點」。劉墉說得好：「有多少鑽石、多少水晶、多少潤玉，被誤看作砂石，沒能閃亮一生。」

一般孩子長到兩歲以後，動作、言語都有了一定程度的發展，自我意識萌芽，會有自己的一些獨特想法。家長應利用孩子的這種自我認識和願望，善於引導，給予援助，滿足他們正當的獨特需求。

另外，孩子是在活動中獲得發展的，家長要爲孩子提供活動和表現能力的機會與條件，放手讓孩子進行各種活動，讓他們感到自己是有能力的，可以從自己的身上而不僅僅是從別人的讚賞中獲得自信。在活動與競爭中，要引導孩子建立良好的同伴關係，促進其自我肯定，樹立自信心。因爲能否受到同伴和集體的尊重，是影響孩子自我肯定的一個關鍵因素。

二、相信孩子行，讓孩子做一些事

孩子雖小卻具有巨大的學習與發展潛力，這是現代科學已證明的。家長應相信每個孩子都有一顆向上的心。有些家長常因孩子年齡小而替他們做許多事情，這樣孩子就會缺乏責任感，凡事依靠家長，久而久之便難以建立起自信。爲此，家長應視孩子的年齡大小、能力強弱，有意識地讓孩子承擔一些責任。比如，讓孩子自己吃飯、穿衣、繫鞋帶、收撿玩具和書包、整理自己的床鋪；讓孩子對家裡的事情，如假日的活動計劃、經濟開支計劃、裝潢佈置等提出建議，如果合理，就盡可能採納。讓孩子做各種各樣力所能及的事情並要求完成好，不僅能鍛煉孩子的行動能力，還可使孩子從中獲得自信，相信「我能做好」、「我有能力」。

三、不是逼迫孩子，而要鼓勵孩子

當孩子「爬坡時」，不要給任何壓力，而是在一旁讚賞其走過的路程，幫他「數腳印」。是的，那些整天「逼著、推著、壓著、吵著、罵著」孩子學習的父母，正是對孩子缺少信心。

二〇〇〇年，北京四中的王海翔，入選清華大學國際MBA。清華的MBA分爲普通班和國際班。國際班對學生的英語水準要求甚高，可是海翔的口語不好。他的母親主動爲他

「減壓」，勸兒子上普通班，但海翔硬下苦功，第一學年考試就很得優秀，還拿到了光華獎學金。

當然，自信的人並不是沒有壓力，只是父母不要雪上加霜，面對壓力，讓孩子心中有數，「知己知彼」，針對問題，「對症下藥」。孩子要是失敗了，父母也應悅納，讚賞孩子「敢闖、敢試、敢冒險」的創新精神和創新能力，同時分析不成功的原因，再鼓勵讓孩子跨越這一障礙。孩子一旦取得成功，就會特別自豪。

四、讓孩子「今天比昨天強」，而不是「我比別人強」

有些望子成龍心切的家長常常盼望自己的孩子處處強過別人，慣於橫向攀比。但這種橫向攀比，尤其是以自己孩子的弱點與別人孩子的長處相比，比掉的恰恰是孩子的自尊心和自信心。要求自己的孩子處處強於別人是非常不實際的。

其實，自信心的樹立，不在於和別人比較，而是把自己的今天和昨天去比。

著名科學家愛因斯坦小學的時候，有一次上完勞作課，同學們都交了自己的作品，只有愛因斯坦沒交，第二天，他才送來一支做得很粗陋的小板凳。老師很不滿意地說：「我想，世界上不會有比這更糟糕的小板凳了……」愛因斯坦回答：「有的。」他不慌不忙地從課桌下面拿出兩支小板凳，舉起左手的小板凳說：「這是我第一次做的。」又舉起右手的小板凳說：「這是我第二次做的……剛才交的是我第三次做的。雖然不能使人滿意，但總比這兩支強一些。」

愛因斯坦的自信就是在和自己的比較中樹立起來的。美國作家威廉．福克納說過：「不要竭盡全力去和你的同僚競爭，你應該在乎的是，你要比現在的自己強。」

五、正確評價孩子，幫孩子樹立正確的目標

當孩子慢慢懂事後，就開始認識自己，也很注意別人，特別是家長和老師對自己的評價。如果孩子從家長那裡常常得到贊許、表揚和肯定，孩子就會認爲自己是一個有能力的人，其行爲表現爲積極、果敢，而且情緒穩定，有強大自信心，而一個相信自己的人，就沒有克服不了的困難。

當然，家長對孩子發展所確立的標準要適當，應考慮自己孩子本身的特點和能力，不能主觀地以過高標準要求孩子。有些做家長的教育孩子時總想一步到位，急於求成，忽視了孩子的發展是一個漸進的曲折過程。標準過高，孩子達不到而屢遭失敗，萌生一再失敗的挫折感，積累「我不行」的消極體驗，容易使孩子喪失自信心。

六、讓孩子堅定信念，「再堅持一下」

「再堅持一下」，是區分「我行」和「我不行」的標誌，是一個人對自己的事業所展現的堅定信念。毛澤東說過：「成功往往在於堅持一下的努力之中。」

著名影星英格麗．褒曼曾榮獲三次奧斯卡大獎。說起她的成功史，還得從一九三三年開始。那年她十八歲，去參加皇家戲劇學院的招生考試。

爲了在激烈的競爭中脫穎而出，褒曼事前做了精心的準備，她表演的劇中有這樣一個情節：有位年輕人與戀人在鬧市見面，年輕人生來好風趣，本想捉弄一下自己心愛的姑娘，誰知姑娘比年輕人更大膽，反而打情罵俏地逗弄年輕人。這天，參加考試的人很多，等了好長時間，終於輪到褒曼上臺表演。本來這個小品開場時，姑娘應發現年輕人在面前，然後迅速跑到他後面蒙住了他的眼睛。可現在扮演年輕人的演員站錯了方向，面對著褒曼上臺的方向站著。褒曼上場見他站錯，可已來不及更正了，乾脆從側面幕裡一下就衝向了舞臺中央，再騰空一躍，站在台口，雙手叉腰，「咯咯咯」地嬌笑不已。

這個別出心裁的創意，一下子震住了全場考官，開始相互交頭接耳，饒有興趣地談論起來。此時，她眼睛的餘光發現評審只顧聊天，比劃著什麼，似乎根本沒在意她，褒曼的心一下子冷了，連後面的臺詞也要忘掉。果然，評審主席打斷說：「行了，行了，停止吧！謝謝妳了，小姑娘。下一位請出場！」

才三十秒鐘就斷送了美好的前程！褒曼什麼人也看不見，什麼聲音也聽不見，她只想著一件事——投河了斷。

她來到河邊，看見那水是暗黑色的，發著油光，骯髒得很。她想，別人把我撈上來，身上沾滿汙物，肚裡全是髒水，多難看……她猶豫著，離開了河岸，回歸到痛苦的現實。

第二天，正當她仍處於萬念俱灰之中，忽然傳來被錄取的好消息。

後來她遇到一個當時的評審，便追問：「那天是怎麼回事啊，你們不喜歡我嗎？你們的表現幾乎害死了我……」

評審瞪大了眼睛：「親愛的姑娘，妳真是瘋了！就在妳從舞臺側翼跳出來，站在中央向我們笑，說出第一句臺詞時，我們就轉身商量，這姑娘一出場就與眾不同，看看她多麼自信，台風多好！不需要再浪費一秒鐘了，沒有異議吧？後面還有十幾個考生呢！」這個回答幾乎使褒曼暈過去。

後來，每當談起自己的成功經驗時，她都會說：「在決定放棄自己的關鍵時刻，我猶豫了一會兒。」

七、跌倒不哭，爬起來會見另一種成功

蘇東坡一開始渴求在政治裡爭取功名，可是大宋朝卻讓他在官場上栽了個大跟頭。就在他極盡卑屈，所有朋友都不敢見他的時候，卻在江邊寫出最美麗的詩句。他原本是朝廷大員，但因爲政治，朋友都避得遠遠的。幸好，他的朋友馬夢得，不怕政治上受牽連，幫蘇軾夫婦申請了一塊荒蕪的舊營地，蘇軾始號爲東坡，開始在那裡種田寫詩。是的，就在蘇軾變成蘇東坡以後，他的生命開始有了另外一種包容，有了另外一種力量，讓他在落難的時候寫出了「大江東去，浪淘盡」，這樣動人的詩句。他過去追求在政治上出人頭地，以名垂青史，可是後來不斷被下放，反而讓他在中國文學史上建立了一段光明磊落的生命情懷。

歌德本來要追求一位姑娘，一年後，人沒追到，手上卻多了另外一件令拿破侖讀過七遍的作品——《少年維特的煩惱》。

倫琴在實驗室裡蹲了六年，本來是想找晶體光譜的，結果光譜沒找到，卻意外地發

現了X光。事實上，除了那道X光線，讓英國政府給他十二萬英鎊，瑞典諾貝爾獎委員會獎勵他五十三萬美元，他那張印著左手的感光紙，更是在一九三二年被美國的一位收藏家以一百二十萬美元的價格買下。

總之，造物主從不讓偉大的追求者空手而歸，即使他最後沒有得到夢寐以求的東西，它也要給點「副產品」，作爲對追求者的獎賞。世間的任何事物，只要人們執著地追求，就可能發現目標背後都隱藏著副產品。千萬別小看副產品的價值，有時甚至遠遠超過夢想的主產品價值。對於那些正在爲夢想奮鬥的人，就算是遇到了挫折和打擊，也千萬不要停下你的腳步，因爲，意外的驚喜也許在不遠的明天就會出現。

八、能者爲師，向孩子學習

父母如果能放下架子，會發現孩子可能比自己強。

一位母親過五十歲生日，兒子送她一件禮物——學習錄音。

「專心，別分神！」

「自然點兒，就像平常說話一樣……」

「不行，妳感冒了，鼻音太重。媽，妳需要重新錄……」

面對電腦，母親簡直是個小學生，兒子卻儼然是一位嚴格而耐心的老師。

幾年前，媽媽還可以做孩子的老師，可現在，兒子利用知識的優勢以及所享有的資訊技能，使母親不得不對他刮目相看，老老實實拜兒子爲師。

是的，在有些方面，孩子確實比我們懂得多。

再比如，一件新的電器買回家，我們手忙腳亂，不知所措，而孩子幾分鐘就能讓功能多得令人眼花撩亂的電器聽從他們的指揮，並教我們如何使用；上街時，你在那裡不知如何是好地挑來選去，孩子會馬上告訴你，哪種式樣的衣服最流行，哪種已經過時，讓你不得不聽他的。

能夠做父母的老師，讓父母聽自己的，這是多麼神氣的事情！孩子自然會從心裡發出「我行」的正面資訊。

第三章

教孩子學會做人處世

讓孩子學會謙虛做人

這個世界上沒有誰是全才。身為家長與老師，應當經常提醒孩子的是，這世界上還有很多你不懂的東西。

佛陀經常告誡弟子們，儘管自己智慧圓融，也應該含蓄謙虛，一個人如果自高自大，就會當眾出醜。

想想看，你要是總當著別人炫耀自己，雖然你能得意一時，可小夥伴們都離開了你，你還能再向誰炫耀自己呢？你可以炫耀自己，但你不能傷害別人的自尊，而是應該感謝小夥伴們才對。孩子，記住，你炫耀獲得的滿足是建立在『觀眾』的基礎之上。

承認自己有長也有短

羅伯特是個聰明好學的孩子，一次，他在班上朗讀課文得到老師的表揚，不由得沾沾自喜。回來後跟家中的幫傭吹牛：「看看你能不能念這個，我倒是會念的。」

這位善良的婦女拿起課本來，仔細地看了一遍，然後歎了一口氣說：「唉，羅伯特，我不知道怎麼念。」

一聽這話，羅伯特更是得意忘形，興奮地沖進客廳，驕傲地喊道：「爸爸，她不會讀書，可是我只有八歲，就被老師誇。她都那麼大了卻連書都不會念，我不知道她有什麼感覺。」

爺爺聽了兒子的話，走到書架旁，拿了一本書，遞給他說：「她的感覺就像這樣。」

那本書是用拉丁文字寫的，羅伯特大字不識一個。他羞得滿臉通紅。這次教訓讓他終生難忘。從此以後，只要想在人前自吹自擂，他就馬上提醒自己：「記住，你不會念拉丁文。」

這個世界上沒有誰是全才。身為家長與老師，應當經常提醒孩子的是，這世界上還有很多你不懂的東西。

當約翰．亞當斯接替華盛頓就任總統時，美國正面臨著與法國關係破裂的危險。到了一七九七年底，兩國處於劍拔弩張、一觸即發的交戰前夕。

怎樣才能打勝仗呢？亞當斯完全明白，必須要有得力的統帥指揮。當時，很多人都勸他親自帥軍隊，但他認爲自己並不具有軍事上的特別才能。思來想去，他覺得，只有華盛頓才是唯一能夠喚起美國軍魂、團結全美人民的統帥。最後，他決定必須把華盛頓請出來。

亞當斯的親信們聞訊後，一致表示反對。他們認爲，如果華盛頓復出，會再次喚起人民對他的崇敬和留念，這會動搖亞當斯的威望和地位。

打仗取勝，沒有傑出的統帥是萬萬不行的。亞當斯鐵定了自己的主意，認爲國家的利益和命運高於一切。他授權漢尼爾頓立即給華盛頓寫了一封信，請求華盛頓再次擔當大陸軍總司令，指揮美軍打敗入侵者。

爲了深表對華盛頓的尊重和請他出馬的誠意，亞當斯又親自給華盛頓寫了封信。信中誠懇地寫到：「當我想到萬不得已而要組織一支軍隊時，我就把握不准到底是該起用老一輩將領，還是起用一批新人，爲此我不得不隨時要向你求教。如果您允許，我們必須借用您的大名去動員民衆，因爲您的名字要勝過一支軍隊。」

華盛頓接到信後很受感動，表示願意立刻肩負重任。

幸運的是，就在華盛頓準備率軍出征的前夕，亞當斯已經透過外交斡旋的途徑與法國達成和解。

亞當斯寫信請華盛頓擔任統帥的事被美國人民傳為佳話，而亞當斯的正直與豁達也被世人稱讚。

後來，有位著名的記者問亞當斯總統：「您爲什麼不怕華盛頓復出會再次喚起人民對他的崇敬和留戀，進而威脅您的威望和地位？爲什麼敢於任用比自己更優秀的人？」

亞當斯微微一笑，沒有直接回答，而是先給這位著名記者講了自己少年時的一件往事：

年幼的時候，父親要我學拉丁文。那玩意兒眞無聊，我恨得牙癢癢。因此，我對父親說，我不喜歡拉丁文，能不能換個事情做？

「好啊！約翰，」父親說，「你去挖水溝好啦，牧場需要一條灌溉渠道。」

於是，我眞的到牧場去挖水溝。可是，拿慣筆的人，拿不慣鍬。那天晚上我就後悔了。我整個身子疲憊不堪，只是我的傲氣不減，不願意認錯。於是，我咬緊牙關又挖了一天。傍晚時，我只好承認疲憊壓倒了我的傲氣。我終於回到了學拉丁文的課堂上。

從此以後，亞當斯一直記著從挖水溝這件事得到的教訓：「一個人必須承認人有所長，也有所短；人有所能，也有所不能。認爲自己樣樣都行，恰恰是自己的不自量力。」

別人的長處往往能彌補自己的不足。亞當斯正是憑藉知人善任，把衆多的優秀人才聚在身邊，特別是憑藉那些比自己更優秀的人才，爲美國的獨立立下汗馬功勞。

得意的人會當衆出醜

《說文解字》上說：「謙，敬也。」《易．謙》說：「謙。亨，君子有終。」就是說，謙虛的美德能讓人做事一帆風順，而只有君子才能始終保持謙虛的美德。佛陀經常告誡弟子們，儘管自己智慧圓融，也應該含蓄謙虛，正如麥穗，顆粒飽滿垂得愈低。謙虛的最高境界是無我，一個人如果能夠如此謙虛，能夠縮小自己、放大心胸、包容一切、尊重別人，別人也一定會尊重你、接納你。相反，一個人如果自高自大，就會當衆出醜。

有這麼一個寓言故事。鷹在高高的天空中翱翔著，群鳥都稱讚牠的壯志和本領。麻雀聽了，心裡很不舒服，憤憤地對大家說：「鷹這是輕浮的表現，是在炫耀自己！而我總是低低地飛，你們應該稱讚我的謙虛才是！」

百靈鳥對麻雀說：「就算你低低的飛是一種偉大的謙虛，那現在就請你施一下本領，飛上天空去把鷹叫下來吧！」

著名女作家維奧斯特終身難忘她二十一歲的生日，維奧斯特曾這樣描述她那天的情形。

「父親帶我到紐約去玩，做為我的生日禮物。我盛裝打扮，自覺看起來漂亮得很。」途中，她進了廁所，「我在洗手間裡照鏡子，得意得不能自己。」

她從洗手間姍姍出來時，人人都在看她。「我知道我很漂亮，不過難道如此引人注目嗎？隨後我聽到身後噗噗響，回頭一看，只見我的鞋後跟沾著衛生紙，一卷衛生紙正跟著我滾下樓。」

「從那天起，」她說，「每當我自覺不可一世的時候，我總回頭看看後面有沒有一卷衛生紙。」

二十世紀，美國有一位名叫布思．塔金頓的著名小說家和劇作家，他的作品《偉大的安伯森斯》和《愛麗絲．亞當斯》均獲得普利茲獎。在塔金頓聲名最盛時，他經常向人們講述親身經歷的一個故事。

那是在一個紅十字會舉辦的藝術家作品展覽會上，塔金頓以特邀的貴賓身分參加了展覽會。

當時，有兩個可愛的小姑娘，看上去約莫十六七歲，她們興高采烈地來到他面前，向他索要簽名，態度是那麼地虔誠。

「我沒帶鋼筆，用鉛筆可以嗎？」塔金頓其實知道她們不會拒絕，只是想藉此表現一下一個著名作家謙和對待普通讀者的大家風範。

「當然可以。」小女孩們很爽快地答應了。顯然，能夠得到著名作家的簽名，她們一點都不介意，而且還尤爲興奮。

見她們無比興奮，塔金頓也備感欣慰。

這時，一個小姑娘將她非常精緻的筆記本雙手遞了上來，塔金頓拿出鉛筆，瀟灑自如地寫上了幾句鼓勵的話語，並簽上自己的名字。

小姑娘看過塔金頓的簽名後，眉頭皺了起來，她仔細看了看他，問道：「你不是羅伯特·查波斯啊？」

「對」，塔金頓非常自負地說，「我是布思·塔金頓，《愛麗絲·亞當斯》的作者，兩次普利茲獎獲得者。」

聞聽此言，小姑娘把頭轉向另外一個姑娘，聳聳肩說道：「瑪麗，把妳的橡皮借我用一下。」

就在此時此刻，塔金頓所有的自負和驕傲像落在地上的玻璃，一眨眼睛就支離破碎。

從此以後，塔金頓常常告誡自己：「無論自己多麼出色，都別太把自己當回事。」

黑格爾年幼時就是一個聰明的孩子。一個陽光燦爛的日子，黑格爾與父親一起在林中散步。

他們來到一個僻靜的地方，父親問黑格爾：「除了小鳥的叫聲以外，你還聽到了什麼聲音？」

「爸爸，我聽到了馬車的聲音。」黑格爾自信地答道。

「對，是一輛馬車，而且還是一輛空馬車。」父親說。

黑格爾覺得奇怪，就問父親：「爸爸又沒看到馬車，怎麼知道它是一輛空馬車？」

「根據聲音呀。」頓了頓，父親意味深長地說：「馬車越空，雜聲就越大。」

就這麼一句看似平淡無奇的話，讓黑格爾銘記一生，做人切不可做「空馬車」，妄自尊大，目空一切，而要虛懷若谷，遠離平庸。

炫耀的快樂是觀眾給的

兩個小夥伴吵架，甲大罵對方是笨蛋，乙也很生氣地回罵甲是大笨蛋：「上次考試我得了第一名，你是第十九名，你才是眞正的大笨蛋！」乙不由得馬上紅了臉，站在那裡不動。

就在這時，甲的父親走過來，嚴肅地批評兒子不該罵人，並要求他當場向小夥伴道歉。

一次，甲的父親出差回來，爲兒子帶了件禮物，原來是幾本連環漫畫書，這可把甲樂壞了！父親笑眯眯地對兒子說：「還不快去操場，在小夥伴們面前炫耀一下？」甲迅

速跑出門。

晚上回來後，父親問兒子：「怎麼樣？夥伴們是不是很羨慕？」兒子得意地說：「那當然啦，這些書他們都沒有看過！」父親笑道：「看來，你真像得了寶貝似的，不過，還有更好的東西給你呢！」

兒子著急地問：「真的嗎？是什麼東西？」

父親說：「等天黑後再告訴你。」

沒辦法，兒子只得盼望天快黑。夜幕終於降臨，父親把那東西拿了出來，原來是一輛玩具車，手一按鈕，車子嗚嗚嗚的跑，還伴有閃閃的彩燈！

見兒子一副神氣的樣子，父親笑著說：「現在你再去操場向大家炫耀一下，怎麼樣？」

兒子吃驚地說：「天黑了，那裡沒有人呀！」

父親說：「管他有沒有人，只要你一個人去操場上炫耀一下就行了！」

兒子搖搖頭說：「爸爸，你怎麼啦？一個人炫耀有什麼意思！」

這時，父親說出了心裡話：「孩子呀，白天你拿著漫畫書，能在小夥伴們面前炫耀自己，到了晚上，你的玩具車就無法炫耀了。」說到這兒，父親話鋒一轉：「我見你與小夥伴打架，你以第一名的成績顯示自己比他強，傷害了人家的自尊。想想看，你要是總當著別人炫耀自己，雖然能得意一時，可小夥伴們一旦都離開了你，你還能再向誰炫耀自己呢？你可以炫耀自己，但你不能傷害別人的自尊，而是應該感謝小夥伴們才對。孩子，記住，你炫耀獲得的滿足是建立在『觀衆』的基礎之上。」

做人當內省

曾有孩子這樣問父母：「人的眼睛爲什麼不對著長，這樣的話，兩隻眼睛對看，就能夠看到自己的樣子，不必擔心牙齒上有菜屑，以及嘴角的飯屑？」

這個問題很有意思，因爲不少動物的眼睛是長在兩邊，看到的範圍比較廣；而人就看不到自己背後的事物，被人從身後襲擊都不知道。大教育家孔子一語道出眞諦：「人苦於不自知。」這並不是說我們的眼睛不夠雪亮，其實人的眼睛「明察秋毫」，遺憾的是「只見樹木，不見森林」，看得見別人臉上的痲子，看不見自己臉上的痘痘。

幸運的是，人類發明了鏡子。古人說：「以銅爲鏡，可以正衣冠；以人爲鏡，可以

明得失。」但鏡子出現以後，人類還是沒有自知之明。心理學家曾做過這樣一個有趣的實驗，用鏡子來測試嬰兒知不知道什麼叫自我。

他們先把一面鏡子放在嬰兒面前，十天之後，將鏡子取走，在嬰兒額頭上點一個無臭無味的紅點。當鏡子還沒放到嬰兒跟前，他並不會用手去摸額頭，但是當鏡子放到面前後，他一看到鏡子中的「身影」，便立刻用手去摸額頭，這說明他明白鏡中的是自己，而且知道自己原來是沒有紅點的。

如果省略第一步，沒有讓嬰兒先接觸到鏡子，他後來雖然看到鏡中的自己頭上有紅點，但不會用手去摸，因爲沒有以前的自我可作比較，就無從判斷。

這個實驗說明什麼呢？當一個人不曉得自己原來是什麼樣時，就只會順其自然。但在照過鏡子，知道自己是什麼樣子以後，一有非自身的改變便立刻發覺，而且這個覺識出現後是不可逆轉的，已經知道便無法再假裝不知道，他會在鏡子前面一直看。可見，一個人擁有自知是非常重要的。

大哲學家蘇格拉底說，一個沒有內省的生命是沒有意義的。內省是瞭解自己做了什麼的基礎，它協助我們洞悉瞭解自己眞正的意圖。柏拉圖更進一步說，做人當內省，沒有內省能力的人不配做人，人只有透過自我內省才能實現美德與道德。

讓孩子學會包容他人

包容的結局是多麼美好，不但對他人有利，其實更有利的仍是自己！是的，這就是寬容的處世之道。

仇恨在你的身上燃燒多久，就會把你和你恨的人綁在一起多久，那個人的一舉一動都成了你的障礙、你的束縛。因此，別以為宣泄仇恨和不屑的同時，可以撇清自己，其實，在惡語出口的那一剎那，被玷污的首先是自己。

不懂寬恕就會失去朋友

包容是一種美德，大度的包容讓人們終生難忘。

那是一九三九年，托尼·希勒曼第一次打工時發生的事。當時他還是一個小孩，在農場做工。

一天，在馬路那頭大約一英里的老佃農英格拉姆先生敲響了他的門。

當時正值農忙時節，這位老實的佃農想找人幫自己收割一塊苜蓿地。

每天一大早，希勒曼就和英格拉姆先生一起來到地裡收割苜蓿。中午天熱起來了，一老一少就在一旁的西瓜地裡挑一個西瓜來消暑解乏，英格拉姆先生的西瓜可是遠近聞名的。

有一天早晨，當希勒曼來到苜蓿地時，眼前的一切把他氣壞了，一輛汽車停在苜蓿地裡，周圍的苜蓿被汽車軋得亂七八糟，而且，另一邊的西瓜地裡，瓜藤也被扯得七零八落。

很明顯，有人夜晚開車來偷瓜，因爲天黑，又不熟悉苜蓿地，汽車在地裡開不出去了，車主折騰到天亮只能棄車而逃。

英格拉姆先生是一個很有閱歷的老農，他很有把握地預言車主很快就會再回來。果然沒過多久，一個在當地因打架和偷竊而臭名昭著的傢伙帶著他的兩個體格粗壯的兒子出現了。他們看起來非常惱怒，像三頭發怒的公牛。

而英格拉姆先生用平靜的口吻說道：「哎，我想你們是來買這些西瓜的吧？」

那男子沈默了很久：「嗯，我想是的，你要多少錢？」

「二十五美分一個。」

「好吧，你先幫我把車弄出來再說，我看這價格還不錯。」

等他們走後，英格拉姆先生笑著對希勒曼說：「記住，你如果不寬恕敵人，就會失去朋友。」

正是憑藉此心胸，希勒曼後來結識了許多朋友，並在他們的幫助下，成爲一名深受世人敬仰的作家，並且獲得了「美國偵探小說大師」的美譽。

是的，這就是寬容。它甚至有點簡單。它明亮，它是陽光，誰能拒絕陽光呢？這成了他們那個夏天裡最大的一筆買賣，而且還避免了一場暴力事件。包容的結局是多麼美好，不但對他人有利，其實更有利的仍是自己！是的，這就是寬容的處世之道。

在現代社會裡，針鋒相對不如以柔克剛。

針鋒相對的結果常常是兩敗俱傷，即使不傷身體也會傷了心情。但可悲的是，這種針鋒相對常常被認爲是「有脾氣」，甚至說是「有骨氣」。事實上，化解矛盾，不能光靠硬碰硬，以柔克剛則是一種巧力。

對他人要有包容心

在一九九二年的印度，有這樣一位全身三度燒傷的父親，住進了德里的一家醫院，兒子前往照料。那幾天父親一直處於危險期，全身從脖子包紮到腳趾。這家醫院蟑螂橫行，衛生很差。由於人手緊缺，燒傷病房的護士們工作非常辛苦。一天早上，兒子發現輸血瓶空了，空氣可能進入父親的血管，請值班護士更換，可她卻粗魯地叫他自己去做。在父親隨時可能離開人世的恐懼中，受到護士這樣的無理對待，兒子痛苦萬分，變得十分暴躁。當護士終於走過來時，父親睜開眼睛喃喃地問她：「妳怎麼還不下班回家呀？」

一個在病榻上瀕臨死亡的老人，關心的不是自己的病情，而是勞累過度的護士。兒子對父親的克己感到震驚，原來對他人的關心和包容是沒有止境的。

生活中，大凡父母都非常關心和包容孩子，可許多孩子卻不懂得做人應當有包容心。

一位父親和他讀大學的兒子在院子裡散步。

父子倆來到一棵大樹下，父親指著樹枝上一隻鳥問：「孩子，那是什麼？」

「一隻烏鴉。」

「是什麼？」父親問道。

「一隻烏鴉。」兒子以爲父親剛才沒聽清楚，於是提高嗓門回答道。

「你說什麼？」父親又問道。

「是隻烏鴉！」兒子的聲音變得更大。

「孩子，那是什麼？」父親仍舊問道。

「爸爸，那是隻烏鴉，聽到沒有，是隻烏——鴉！」兒子已經變得不耐煩了。

對兒子的回答，父親沒有說一句話，只是默默地走到屋裡。幾分鐘後，回到兒子身邊，手裡拿著一個發黃的筆記本。

這是本日記，上面記載著父親點點滴滴的日常生活。翻到二十五年前的一頁，父親開始讀出聲來：「今天，我帶著乖兒子到院子裡走走。我倆坐下後，兒子看見樹上停著一隻鳥，問我，『爸爸，那是什麼呀？』我告訴他，那是隻烏鴉。過了一會兒，兒子又問我那是什麼，我說那是隻烏鴉……

兒子反覆地問那隻鳥的名字，一共問了二十六次，每次我都耐心重複一遍。很高興能有這樣的機會，我知道兒子很好奇，希望他能記住那隻鳥的名字。」

父親讀完這篇日記後，兒子大為感動地說：「爸，您讓我一下子懂得了許多，原諒我吧！」

父親伸手把兒子抱住，一絲笑容顯現在皺紋滿布的臉上。

與此類似，還有這樣一位父親，他吩咐年輕的兒子到商店買東西。兒子回來後，滿臉的不高興。

父親便問他：「到底發生了什麼事，你這麼生氣？」

「我在街上走的時候，路人都看著我，還嘲笑我。」

「為什麼呢？」

「人家笑我個子太矮，可他們哪裡知道，雖然我長得不高，但我的心胸很大呀。」兒子氣呼呼地說。

聽完兒子的話，父親什麼也沒有說，只是拿著一個臉盆與兒子來到附近的海灘。父親先把臉盆盛滿水，然後往臉盆裡丟了一顆小石頭，臉盆裡的水濺了出來。接著，他把一塊大一些的石頭扔到前方的海裡，大海沒有任何反應。

「你不是說你的心胸很大嗎？可是，為什麼人家只是說你兩句，你就生這麼大的氣，就像被丟了顆小石頭的水盆，水花到處飛濺？」

孩子們很容易單從自己的角度去考慮問題，身爲家長應及時糾正。

我曾聽說過這麼一件事。父親對上高中的兒子王平說：「那天碰到你初中的班主任趙老師……」

「別跟我提她！在我的初中老師中，她是最鳥肚雞腸的，把我害得好慘……」提起那位老師，王平恨得直咬牙。

父親笑道：「要我說，你們眞是半斤八兩，好老師當然不會讓一個學生恨到這種地步，可一個肚裡能撐船的高徒又怎能因愚師而積此深怨呢？」

事情是這樣的，趙老師說王平是個人英雄主義，從來就不把老師放在眼裡；王平則認爲自己沒把她放在眼裡，是因爲她不夠聰明……記得在全校公開課上王平故意提問：什麼是有色金屬？結果弄得趙老師當衆出醜；而面對一個狂妄驕傲的學生，趙老師當著全班同學的面喝斥：你是不是覺得你聰明得連課都可以不聽了？當時，王平的任何一個失誤，都是她的勝利；她的任何一個疏忽，都是王平的把柄。這樣的事情硬是直到王平初中畢業才結束。

不過趙老師有句話倒是讓王平記憶猶新。那次，王平在課堂上指責老師讀錯了，老師生氣地說：「全國只有一個地方，你讀了錯字不會被嘲笑，那就是台大。」如今想來眞如醍醐灌頂，他由此領悟到了什麼是清醒和謙卑：一個眞正有學問的人自然明白，就算自己再淵博，也有自己的盲點。眞有實力的人不靠鄙薄別人來抬高自己，對別人的鄙薄也不會動輒如芒刺在身，眞正屬於自己的東西不用花力氣去證明；師生間之所以打得如此難解難分的癥結，就是因爲兩個人都脆弱、狹隘、淺薄、幼稚，誰也不比誰更高級……

其實，仇恨在你的身上燃燒多久，就會把你和恨的人綁在一起多久，那個人的一舉一動都成了你的障礙、你的束縛。因此，別以爲宣泄仇恨和不屑的同時，可以撇清自己，其實，在惡語出口的那一刹那，被玷污的首先是自己。

讓孩子學會禮貌待人

有些孩子以貌取人，見別人相貌堂堂、裝扮入時，開著高級汽車，就會高看一眼，似乎這樣的人全都是好人（其實某些有錢人就是一些貪汙受賄行騙的人，或者是靠不正當手段發財的人），而那些衣著破爛的人幾乎都是壞人。

大人怎麼對待孩子，往往決定了孩子長大後如何對待別人。

教孩子不可以貌取人

新生入學，某大學異常熱鬧，一個衣衫襤褸的中年男人在人群裡鑽出鑽進，粗糙的手裡拎著一隻發黑的蛇皮袋。保全人員認爲他十分可疑，正當這人盯著滿地的空飲料瓶出神時，便一個箭步衝上去，揪住了他的衣領。

「你沒見今天是什麼日子嗎？要撿破爛也該改日再來，不要破壞了我們大學的形象！」

當著這麼多學生和家長的面，中年男人窘迫得說不出話來。這時，從人縫裡衝出一

個女孩子，緊緊挽住那個男人黑瘦的胳膊，大聲說：「他是我的父親，從鄉下送我來報到的！」

保全的手鬆開了，臉上露出驚愕的表情：一個衣著打扮與拾荒人無異的農民竟培養出一個大學生？不錯，這位農民來自偏僻山區，女兒是村裡有史以來走出的第一位大學生。他去外地打工，因老闆拖欠工錢，害他沒有錢買車票，只得徒步走了整整一星期！在路上，傷心的他暗暗發誓，一定要讓三個兒女都上大學。

可萬萬沒想到自己在這個心目中最莊嚴的場合被人像抓賊似的揪住。但是，當女兒驕傲地叫他父親，接過化肥袋並親密地挽著自己的胳膊在人群中穿行的時候，他的頭高高地昂起來。那是一個父親的尊嚴，也是一個人的驕傲。

生活中，許多孩子就像那位保全一樣以貌取人，見別人相貌堂堂、裝扮入時，開著高級汽車，就會高看一眼，似乎這樣的人全都是好人（其實某些有錢的人就是一些貪汙受賄行騙的人，或者是靠不正當手段發財的人），而那些衣著破爛的人幾乎都是壞人。這都是不尊重人的表現。

中國歷史上有一個張良拾履的故事：

一個穿粗布短衣的老頭，故意將鞋子丟到橋下，對張良說：「小子，下去撿鞋！」張良心中不快，但還是把鞋子撿回來，恭敬地獻給老人。可那老頭說：「給我穿上！」那張良竟眞的彎下腰給他穿上了。

故事的結局大家都知道了。那老頭不是等閒之輩，感歎說「孺子可教矣」，並給了他一本《太公兵法》，於是乎，張良就靠這本書，跟著漢高祖劉邦混得有頭有臉。

這個故事就是教育人們不可以貌取人。

像張良這樣以禮待陌生人的中國故事，還有一個有關黃鶴樓來源的傳說。一個老乞丐成天到飯店混吃混喝，女老闆每次都好酒好肉招待。後來，女老闆得到厚報——那老乞丐原本是神仙，是騎著黃鶴到處兜風的那種。

說到這兒，我想到周星馳的電影。像《少林足球》中拐腿的人，《喜劇之王》中那個賣飯盒的人，以及《功夫》中的衆多街頭混混，到頭來都是改變劇中周星馳命運的世外高人或臥底警察。而這些人，通常都藏身在茫茫人海中，正所謂「大隱隱於市」。

羅伯特是個攝影迷。一次，他搭乘長途客運到美國的各城市間尋找創作素材。他來到了舊金山，遇見克里．邁凱林。

克里是一個六十多歲的老人，但看起來像已經八十歲，滿頭的披肩長髮灰白零亂，其間夾雜著昨天晚上在窩棚裡睡覺時沾帶的雜草，身上的衣服髒兮兮的，渾身散發著酒氣和尿臊味，不用問，就能知道他是一個乞丐。羅伯特第一次遇見這人時，他正站在舊金山市中心的人行道上向路人乞討。克里面帶微笑，伸著雙手。其實，這個乞丐每天都這麼站著，來往的行人有的根本就沒意識到他的存在，有的乾脆避開。

儘管如此，克里的微笑卻是眞誠的。那天，羅伯特在一旁觀察了很久，覺得他是一個很好的拍攝對象，於是同他談了起來，並答應每天支付一些小錢，請求以他爲模特兒拍攝一組照片。克里很爽快地同意了。

接下來的幾天裡，羅伯特都躲在暗處，拍攝克里的生活。他依舊跟過去一樣，每天站在熙熙攘攘的市中心街口伸出雙手，微笑著向人們討錢。

就在第二天傍晚時分，迎面走來一位小姑娘，大約七八歲的樣子，穿著乾淨而合體的衣服，頭上梳著小辮子。她走近克里，從後面輕輕拉了一下他的衣角。克里轉過身之間，小姑娘用手將一個東西放到克里的手心裡。一瞬間，克里的臉上上比往常增添了許多光彩，那笑臉比羅伯特第一次見到的不知要好多少倍。與此同時，他馬上也伸手從口袋中不知掏出什麼東西放進小姑娘的手心裡。小女孩也笑逐顏開，一蹦一跳地向不遠處一直望著他的父親跑過去。

羅伯特眞有點抑制不住，很想立刻就從隱蔽處跳出來，問一問他倆到底在換什麼神奇的東西，但想到所拍照片的客觀性，還是壓制住了滿腹疑團的自己。就在這一天的工作結束後，羅伯特向克里提起困擾了他好久的問題。

「這很簡單，事實上就是一枚硬幣。那個小姑娘走過來，給了我一枚硬幣；我又反過來，送給她兩枚硬幣。」克里看了羅伯特一眼，又繼續解釋說，「因爲我想教會她，假如你慷慨大方，那你所收穫的就會比你付出的多。」

一位家長教育女兒關愛陌生人，以培養她的愛心時，出現了這樣一件「意外」的事。這位家長讓女兒把一把一塊麵包遞給流浪街頭的老婆婆。老婆婆笑著伸出手，可她不是去接麵包，而是想撫摸一下小女孩的臉。小女孩見一雙髒得「像蒼蠅的家」的手，嚇得大叫起來，扔下麵包，馬上脫身……

我們該如何看待老婆婆的行爲，或者說是回報呢？我想，這雙手雖然奇醜無比，但它也還是很溫暖的。不過，每個人未必得接受它，其實也很少有人能說「摸摸我的

臉」。我們必須承認，自己的愛心，很多時候只能做到點到為止。其實，這就夠了，就像那首歌《愛的奉獻》裡唱的：「只要人人都獻出一點愛，世界將變成美好人間。」是的，我們教育孩子可以只是一縷免費的陽光——當然，要是能做偉大得可以照耀每一個角落的太陽，自然是最好，但這是不夠實際的。

讓孩子感受人的友善

有對中國夫婦在美國住了好幾年，一直沒有認眞過一下萬聖節。萬聖節又叫鬼節，過節時大家扮成各種怪樣子，裝神弄鬼，嚇唬人玩。其中最重要的一個節目，就是孩子們的Trick or Treat：天黑後孩子上門來要糖，你不給，人家就可以捉弄你一番。這位母親覺得，陌生人來敲門，不斷地去開，又煩又沒有安全感。後來，她女兒長到五歲，漸漸懂事了。這年萬聖節前一周，她就惦記著買服裝，晚上去要糖。不過，去年的萬聖節，是由妻子帶著她和一群幼稚園的小朋友及其家長集體行動。今年新到一個地方，路都不認得，也找不到伴，爲安全起見，決定讓父親帶孩子出門。

夜黑得伸手不見五指，讓人感到世界處處有危險。父親拉著女兒的小手，走在馬路上，心裡不斷嘀咕：這麼晚敲陌生人的門，太打擾人家了吧？而且還向人家討東西？

女兒可不像父親，倒像一個自信的小天使，自告奮勇地按第一家的門鈴。那扇門一打開，屋裡燦爛的燈火頓時掀開夜幕，彷彿是天堂對她打開了門。夫婦兩人見了孩子非常高興：「哎呀，我的小天使，妳眞漂亮，眞可愛！」說著，他們便招呼父女倆進屋，同時拿出了一小籃子巧克力，當他們正要把它倒在女兒手中的籃子裡，父親急忙說，她實在要不了這麼多。主人興致未盡，不停地問孩子幾歲了、上學沒有、喜歡什麼、住在哪裡。父親不由得放鬆了很多，甚至開始分享女兒的快樂。

接下來，女兒變得更加勇敢，見一棟房子就衝上去按門鈴，那家只有女主人在。見了孩子，興奮地說：「我的女兒已經上大學了。她像妳這麼大時，也這麼漂亮。」

父親順便問了一句：「她在哪裡上大學？」

「耶魯」。

父親眼睛一亮，馬上問：「她中學在哪裡讀的？」心裡想的是自己女兒以後去哪裡讀書。女主人看出父親的心思，知道他們是初來乍到，馬上留電話，關於當地學校的問

題一定要來問她。還說等她女兒回來，要請他們來家裡吃飯，好好聊聊。臨走又從自己的書架上找出三本五歲孩子的兒童讀物送給他女兒。

女兒的情緒更是高漲得無法形容，覺得自己是全世界最得寵的人。

那天，最令人感動的是這次打擾的最後一家。主人是個盲人，全靠一隻導盲犬生活。父親開始還覺得給她帶了太多麻煩，女兒首次看到盲人，也有些害怕。可盲人熱情地在桌上給孩子摸糖，嘴裡不停地說：「妳的聲音像個天使。」

父親趕緊說：「我們每天上學都經過妳家。」她聽了越發高興，一個勁兒地說：「看來我們早就是朋友了。」

眼見她準備得整整齊齊的一桌子糖，實在想不出這麼一個生活不便的盲人，爲招待素不相識的孩子要花多少時間，而在漆黑的夜裡對陌生人敞開大門，又是多麼的信任！看來，一個生活頗爲不幸的人，也本能地懂得自己對陌生人的責任。

到現在還沒多久，可由於手中籃子的糖太多、太重，已經拿不動了，只好提前回家。回到家洗漱完畢，女兒倒頭就睡，不過睡前說了一句：「今天我有這麼多的快樂！」

望著女兒那張熟睡的小臉，父親的心無法平靜，更加對自己住的社區和鄰居們產生了由衷的熱愛，同時也非常感激這個萬聖節。

人人都渴望得到友愛，但一個孩子要是從小就感受到這種友愛存在於陌生人之間，那對培養孩子禮貌待人，該是多麼有益的事呀！那個小姑娘是幸運的，她在漆黑的、看起來很危險很可怕的夜裡，從陌生人那裡得到無限的甜蜜。其實，人家怎麼對待孩子，很大程度上決定了孩子長大後如何對待別人。生活中，許多人主要是從親友熟人中感受到這樣的溫暖，很難懂得陌生人之間的連結和感情。我想，讓孩子從小就能從陌生人中體會到友愛，是尤其重要的。當然，前提是我們要有一個和諧的鄰里關係。而營造這一關係的一個重要原則，就是「愛你的鄰居」，並使其成爲我們的生存狀態。

做人要懂得為彼此著想

現在的許多孩子都是獨生子女，備受家人關心，成了全家的「中心」。孩子們也認爲這是應該的，結果慢慢成爲不懂尊重別人，「以我爲中心」的壞毛病。

某大學邀請一位著名的教授來給學生辦講座。講座時間到了，可教授一言不發，逕直走下講臺，來到禮堂最後面一排的座位上，向一位同學深深地鞠了一躬。

禮堂裡一下變得鴉雀無聲，大家不知道發生了什麼事情。

教授解釋說：「我之所以向這位同學鞠躬，是因爲他選擇坐裡面位置的行動，讓我充滿敬意。」

「我今天是第一個來禮堂的，你們入場時我發現，許多先到的同學，一進來就搶佔了靠近講臺和過道兩邊的座位，在他們看來，那一定是最好的位置了，好進好出，而且離講臺也近，聽得最清楚。這位同學來的時候，靠前和兩邊的位置還有很多，可是他卻走到最後面，而且是坐在最中間，進出都不方便的位置。」教授繼續用不高的語調說道：「我繼續觀察後發現，先前那些搶佔了他們認爲好位置的同學，其實備受其苦，因爲座位前排與後排之間的距離小，每一個後來者往裡面進時，靠邊的同學都不得不起立一次，這樣才能讓後來者進去。我統計一下，在半個小時之內，那些搶佔了『好位置』的同學，竟然爲他們只想著自己好的行爲，付出了起立十多次的代價。而那位坐在後排中間的同學，卻一直安詳地看著自己的書，沒人打擾。同學們，請記住吧，當你心中只有你自己的時候，你把麻煩其實也留給了自己；當你心中想著他人的時候，其實他人也在不知不覺中方便了你……」

然而許多同學心中沒有別人，像夜裡開門、關門、說話的聲音很大，影響了別人休息，自己還不覺得。跟人友好相處的秘訣是：眞心實意地尊重別人，讓對方覺得自己很重要。

有些人因爲嫌惡別人「道德」上有問題，而不願給予尊重。這是不對的，對某位同學有看法，不是我們失禮的藉口。一個人失禮時，所展示的更多是他自己，而不是他不喜歡的人。進一步地，無禮對待別人，只會降低我們的格調，有時還會忽視了別人的心理，說出了不該說的傷人之語。

我就知道這麼一件眞事。

有一個女生出語不愼，嚴重傷害了相處多年的一位好友。由於跟朋友的關係非常親密，她事先根本想不到會有什麼樣的後果。傷害造成以後，後悔不已的她願意付出任何代價，收回自己的話。對此，老師安慰她說：「辦法倒是有一個，但是做起來非常困難，而且還得吃苦受累。」

女生眞誠地說：「我不怕吃苦受累。」

老師說：「那好，我告訴妳吧。要收回妳的話必須做兩件事情。第一，拿出妳最好

的羽毛枕頭，將它開一個洞，天黑的時候挨家挨戶地走，並在每家門前放一根枕頭裡的羽毛。記住，每家門前只放一根羽毛，天亮的時候必須做完這件事情。做完之後，妳到我這兒來，我再告訴妳要做的第二件事情。」

其實，老師的方法聽起來十分荒唐，但這個女兒誠心要收回她的話，便一絲不苟地照做了。之後，筋疲力盡的她又一次找到了老師。

「我已經按照您的要求在每戶門前都放了一根羽毛。」想著自己的努力會有所回報，她很欣慰地說。

「很好。」老師說，「現在妳只要將那些羽毛重新放回到枕頭裡面，就能收回傷害朋友的那些話了。」

女生目瞪口呆。因爲晚上的風那麼大，羽毛早就被風吹得不見蹤影了！

人的每一句話就像一根風中的羽毛，一旦說出口，任何的努力，都無法再將這些話收回去，哪怕這種努力是多麼地發自肺腑，多麼地眞心誠意！因此，一個人在說話時一定要愼重。

對於當今許多生活在城市中的人，外出免不了要乘公車，尤其是在上下班區間，車廂內格外擠，而乘坐公車的人員比較雜，有時會看到一些脾氣不好、缺乏修養的人，與別人發生口角。

有位父親給自己的孩子講過這麼一件事。

那是一個下雨天，公車靠近窗邊的車位上坐著一位中年男子。一個年輕人匆忙上車，站在中年男子旁邊，車內很擠，空氣不暢，年輕人實在太悶了，便要求窗邊的中年男子打開窗戶透透氣。

外面的雨不算大，但窗一打開，雨落了進來，中年男子馬上把車窗關起來，年輕人很不高興，中年男子也生氣了：「你沒見雨淋到我了嗎？」

過了幾站，中年男子下車走了，年輕人坐在這個位子上。這時，一位剛擠上車的四十多歲女人站在他身邊，提起嗓門對年輕人喊道：「悶死了，把車窗打開吧！」

可一開窗，雨便飛了進來，打在年輕人臉上，年輕人迅速把窗子關了起來。那女人怒氣衝衝地責問：「難受死了，你幹嘛又把窗子關上？」

年輕人望了她一眼，正要開罵：「你沒見雨淋到我了嗎？」突然想起，這不是剛才那個中年男子罵人的話嗎？

當我們正要責備別人時，一定要想一下別人的心裡感受。當我們在幫朋友做事時，也要記住別傷害了其他人。

據媒體報道，在西西里島的巴魯度假村就發生過這樣的事。

一天，有位滿是歉意的工作人員，在安慰一個四五歲的小孩，可備受驚嚇的小孩依舊放聲大哭。原來，這位工作人員照顧不過來那天過多的孩子，一時大意，在兒童羽毛球課結束後，少算了一個，把這個孩子留在球場上。等發現算漏了一個孩子時，她立即跑到球場去找小孩，好在孩子原地不動，可因害怕而哭得可憐。此時，小孩的母親趕來，見孩子哭得這麼慘。

令人意外的是，孩子的母親並沒有責怪那位工作人員，也沒有生氣地帶著孩子離開，更沒說以後再也不參加「兒童俱樂部」了，而是蹲下安慰小孩，並且說：「現在沒事了，那位阿姨由於找不到你也非常緊張，非常難過，她不是有意的，現在妳應當過去親親那位阿姨的臉，安慰她一下才對！」

接下來的事情是，這位四五歲的孩子，很聽話地走了過來，踮起腳尖，親了蹲在他身旁的阿姨的臉，並且說道：「阿姨，不用害怕，現在已經沒事了。」

當一個人感到害怕、痛苦、生氣，想要責怪別人時，倘若能設身處地、將心比心、推心置腹地想一下，別人心裡是怎樣的感受，就不會將傷害的話輕易說出口。是的，我們做父母 都應當像那個孩子的母親一樣，不僅不怪對方，反而是給予安慰。如此，我們身邊，必然多一份友好與和諧。

別忘了向他人說聲「謝謝」！

《讀者》雜誌上有一篇〈別忘了謝謝〉的文章，作者是呂遊。他在文中講了這樣一個傳說。

兩個人同時問上帝到天堂的路怎麼走？上帝見二人饑餓難忍，先給他們每人一份食物。一人接過食物，很是感激，連聲說：「謝謝，謝謝！」另一人接過食物，無動於衷，彷彿就是該給他似的。之後，上帝只讓那個說「謝謝」的人上了天堂。

另一個人不服：「我不就忘了說句『謝謝』嗎？」上帝說：「不是忘了，你是沒有感恩的心，就說不出謝謝的話；不知感恩的人，就不知愛別人，且也得不到別人的愛。」那人還是不服：「那少說一句『謝謝』，差別也不能這麼大呀？」上帝又說：

「這沒有辦法。因為上天堂的路是用感恩的心鋪成的，上天堂的門只有用感恩的心才能打開，而下地獄則不用。」

人間需要「謝謝」，天堂也需要「謝謝」；貧窮時需要「謝謝」，富裕後也需要「謝謝」；陌生人需要「謝謝」，親友間也需要「謝謝」；困境中需要「謝謝」，幸福裡也需要「謝謝」；凡人需要「謝謝」，上帝也需要「謝謝」……

有人總結出教育孩子最重要的十八個字，即：「謝謝，您好，對不起，麻煩您，再見，我錯了，請，我們。」其中居首位的就是「謝謝」二字，即，要讓孩子有感謝之情、感恩之心，不能使孩子對別人的幫助及恩惠視而不見，而要尊重和感謝別人。

有位先生乘公車回家。上車時，在他前面有一個七八歲的小女孩，背個書包，好像才放學。她上車時沒站穩，差點兒摔倒，這位先生急忙上前扶了她一把。她剛站穩，便朝他打了一個手勢，見他不懂還挺著急。原來小女孩是個聾啞人。坐了一站，這位先生要下車了，小女孩連忙跑過來塞給他一張小字條，這位先生還當是什麼事呢，下車一看，只見上面歪歪扭扭地寫著一行字：「謝謝叔叔！」不知怎麼，這位先生心裡立時湧上一股說不出的熱……

還有這樣一個盲女孩，送母親一份禮物，那是一點一點打在生日賀卡上的盲文。母親看不懂，請別人給翻譯，沒想到那段盲文竟讓她淚流滿面，並成爲她一生中收到的最珍貴禮物。那段盲文是：「媽媽，謝謝妳把我養大！雖然妳沒給我眼睛，但謝謝妳給了我生命；雖然我看不見妳，但我永遠愛妳感謝妳——媽媽！」

此時此刻，一千句、一萬句的感激之情，都凝聚在「謝謝」這兩個字上了。其實還有很多時刻，詞山句海的感恩之心，都沒有「謝謝」這兩個字表達得更完美、更充分、更淋漓盡致！

一個十四五歲的男孩偷了書店一本書被抓了。老板對他大聲喝斥，百般羞辱，人們也對他投以鄙夷的目光。老板非要男孩叫他的父母或學校老師來領人，否則就要送他去派出所，男孩立時嚇得縮成一團，一臉驚恐。這時，一位中年婦女衝進圍觀的人群，護住那個縮成一團的男孩：「別這樣對待孩子，我是他媽媽！」在眾人異樣的目光中，中年婦女替他交了罰金，並領他走出書店，悄悄對他說：「趕快回家吧，孩子，以後記住別再偷書了！」

幾年過去了，這個男孩一直感激那位不相識的中年婦女，後悔沒當面向她說聲「謝

謝」，要不是她，他的人生之路可能就前途暗淡了。他考上大學後，發誓一定要找到她。可茫茫人海，上哪兒去找呢？於是，他每年利用寒暑假，天天在那個書店附近等上半個小時，希望能看見那位中年婦女。此舉雖十分渺茫，但他風雨無阻，始終沒有動搖過，因爲他永遠也忘不了那樣慈祥的面孔。就這樣，他堅持等了兩年，終於等到了她，說出放在心裡多年的一聲「謝謝」……

爲了說聲「謝謝」，竟在街頭守候了整整兩年，可見「謝謝」有多重。假如把這個「謝謝」放在天平上，相信一座大山也難以超過其分量；假如給這個「謝謝」一個支點，相信地球也能被它撬動！

一個山裡孩子考上了大學，卻因家庭貧困上不起。這時，一位不相識的外地人給了他無私援助。他一直想向他當面致謝，可由於種種原因，一直沒能實現這一心願。三年後，他專程按著匯款人的地址找到恩人家時，萬沒想到他已在幾天前去世了，臨死前還給他彙去了最後一筆款……

他後悔萬分，悔不該一拖再拖，使這句沒有說出口的「謝謝」成了他精神上永遠的負擔。

他含淚在白紙上寫下一萬個「謝謝」，點燃在恩人的墳前……

如果你想說「謝謝」，就馬上說出來吧；如果你懷有感恩之心、感激之情，就儘快把它表達出來吧！要讓「謝謝」成爲你心靈的白鴿，而不要讓它成爲長期壓在你心上的石頭。

讓孩子學會誠信做人

父母在教育孩子的過程中應當明白，孩子的習慣、為人處世、道德品質，才是真正支撐他一生一世的「中流砥柱」。千萬不要讓孩子輸在「重誠守信」這條起跑線上。

家長的許諾是隨意的、虛假的，但是孩子的盼望和等待卻是認真的、執著的，直到孩子們在一次次失望後，不再相信別人；而且還會讓孩子覺得，一個人說話可以不負責任，答應的事也可以不辦，於是從小就養成輕率、說謊的壞習慣。

古代大哲學家老子有一句話：「輕諾必寡信。」意思是說輕易答應別人一件事，就一定沒有足夠的信用。沒有信用的人，不會有朋友，也不會有事業上的成功。

別讓孩子輸在誠信上

「重誠守信」是基本的道德規範。從古至今，中外父母都很重視孩子的誠信教育。記得小時候，爸爸給我講過這樣一個故事：

從前有個國王要選一個繼承王位的人，他發給每個孩子一粒花種，並承諾說誰能種出最美麗的花，就選誰當繼承人。

評選時間到了，絕大多數的孩子都端著漂亮的鮮花前來參選，只有一個叫楊平的男孩端的花盆空無一物。最後，他被選中了。因爲，孩子們得到的花種其實都已被蒸過，根本不可能發芽。顯然，這次測試不是爲了發現最好的花匠，而是要選出最誠實的孩子。

這個故事讓我深受啓發，覺得應當誠實做人，才會有美麗、幸福的人生。

據說，美國波士頓大學教育學院設計的基礎教材中，就選用了這個故事。教材建議老師在班上組織討論，向學生介紹「最大程度的誠實是最好的處世之道」這句諺語，並且要求學生製作「誠信」標語，在教室裡張貼。他們認爲「教育學生成爲一名誠實的公民，比通過一門課程考試更加重要。」

當然，重誠守信的人有時也會「吃眼前虧」，但最終的贏家也正是堅守誠信的人。

上海市中小學生素質教育課外活動系列教材中有這樣一個故事。

「金棕櫚」酒店開業幾個月了，負責人蔡老闆用人很苛刻，有好幾位年輕貌美的女服務員，只幹了一個月就被蔡老闆炒魷魚。

小梅是從安徽黃山出來的打工妹，她聽說「金棕櫚」徵人，就鼓起勇氣前來應聘。蔡老闆對小梅作了一番口試後，便拍板錄用了小梅，並說明給小梅的月薪是八百元，另加夜班費。小梅喜出望外。

小梅是個勤快的姑娘，很珍惜這份工作。每天，她總是提前十分鐘上班，下班也總是走在最後。她的臉上終日笑意盈盈，還熱情地向顧客介紹特色菜名，不少顧客常向老闆誇讚小梅。蔡老闆聽了也是得意地一笑。

一個月很快就要過去了。這一天，小梅收拾殘席時，意外發現桌腿旁有一張嶄新的百元大鈔。小梅的心一陣狂跳，忙往四周一看，似乎沒人注意自己，就躬身撿起了錢。

然而，小梅的興奮瞬間便消失了。她驀然想起一件往事。八歲那年，小梅的家境很貧寒，父親爲了讓小梅過年時能穿上一套新衣裳，就偷偷去醫院賣血。在山口，父親意外撿到一個錢包，裡面有三十元錢(當時的三十元錢是一筆可觀的數目)。按理，父親可以不用再去賣血，可他卻沒這麼做，硬是在山口苦苦地等了大半晌，終於等到了失主。事後，父親多次對小梅說：「娃娃，不是自家出力掙的錢，拿了燙手。咱人窮，可絕不能志短呀！」

這句話一直像刀刻斧鑿般留在小梅的心間。今天，儘管這百元大鈔挺誘人，可自己能動心嗎？小梅毅然把這錢交給了蔡老闆。

沒想到，蔡老闆坦率地說出這是自己的一個「計謀」，那幾位姑娘就是經不住這種誘惑而被辭退的。蔡老闆頗有意味地說：「君子愛財，應當取之有道！」

一個月後，小梅被提升爲「大堂經理」。

在這個充滿了競爭與挑戰的時代裡，眞誠比以往任何時候都顯得重要和珍貴。父母身爲孩子的第一任老師，應當用自己的言行，把誠信兩個字刻在孩子心中。

再來看個故事。

在一個陽光明媚的星期六上午，驕傲的父親勃比．萊維斯帶著他的兩個小兒子去高爾夫球場打球。

他走到球場售票處問工作人員：「請問門票多少錢？」

裡面的年輕人回答他：「所有滿六周歲的人進入球場都需要交三美元，先生。我們這個球場讓六歲以下的兒童免費進入，請問你的兩個孩子多大了？」

勃比回答道：「我們家未來的律師三歲了，我們家未來的醫生七歲了，所以我想我應該付給你六美元，先生。」

櫃檯後的年輕人有點驚訝地說：「嘿，先生，你是剛剛中樂透嗎？你本來可以為自己節省三美元的，即便你告訴我那個大一點的孩子六歲，我也看不出有什麼差別。」

勃比回答道：「對，你的確不會看出其中的差別，但是我的孩子們會知道這其中的差別。站在一個父親的立場，我有責任不讓他們小小年紀就學會去欺騙別人。」

人們常說「做人第一」，在做事之前先學會做人。父母在教育孩子的過程中，應當明白孩子的習慣、為人處世、道德品質，才是真正支撐他一生一世的「中流砥柱」。千萬不要讓孩子輸在「重誠守信」這條起跑線上。

做個不失信於孩子的父母

曾子（西元前五〇五至四三五），姓曾，名參，字子輿，春秋末年魯國南武城（今山東嘉祥縣）人，出身沒落貴族家庭，後師從孔子。他殺豬示信的故事已經流傳兩千多年了。故事是這樣的。

一天，曾子的妻子對丈夫說：「夫子，我要去集市買菜了！」可她出了家門沒走多遠，兒子曾元就哭喊著從身後跟了上來，扯住母親的衣衫要跟著去。孩子還小，集市離家又遠，帶著他很不方便，因此曾妻對兒子說：「元兒，你在家玩耍吧，我去集市買了東西就回來。你不是愛吃醬汁燒的蹄子、豬腸燉的湯嗎？我回來以後殺了豬就給你做。」這話倒也靈驗，曾元一聽立時不哭了，高高興興地說：「媽媽，我在家好好玩耍，回來可要殺豬吃！」

過了一個時辰，曾妻從集市回來，還沒跨進家門就聽見院子裡捉豬的聲音。她進門一看，原來是曾子正準備殺豬給兒子做好吃的東西。曾妻急忙上前勸阻道：「夫子，爲何殺豬？家裡只養了這幾頭豬，都是逢年過節時才殺的。我與元兒兒戲，何必當眞！」曾子嚴肅地說：「在小孩面前是不能撒謊的，他們年幼無知，經常從父母那裡學習知識，聽取教誨。身教重於言教，如果我們現在說一些欺騙他的話，等於是教他今後去欺騙別人，雖然做母親的一時能哄得過孩子，但是過後他知道受騙，就不會再相信母親的

話。說謊話是欺人也是害己，這樣怎麼能教育孩子成才呢？」

然而，生活中許多父母卻在孩子面前說話不算數。比如，一個男孩說：「我爸說，只要我考試得了一百分，星期天就帶我去公園玩。我眞的考了一百分，爸爸卻說他沒有時間。」

一個女孩說：「我媽說，寫完作業就讓我出去玩。我寫完了，媽媽卻不讓我出去玩，還讓我做練習題。」

家長們就是這樣一次次「說話不算數」，失去了孩子的信任，也失去了自己在孩子心中的威信。這些家長或許並沒有把自己隨意的行爲和孩子的成長聯繫起來，並沒聯想到這和誠信有什麼關係。

其實，家長失信於孩子，害處是很大的。就像曾子殺豬示信的道理一樣。家長的許諾是隨意的、虛假的，但是孩子的盼望和等待卻是認眞的、執著的，直到孩子們在一次次失望後，不再相信別人；而且還會讓孩子覺得，一個人說話可以不負責任，答應的事也可以不辦，於是從小就養成輕率、說謊的壞習慣。孩子們也會因此向家長信誓旦旦地說要發奮學習而轉身又鑽進遊戲室裡，一次次輕易地對家長許諾「下次一定能考個好成績」，但結果是家長們的期望一次次落空。也許直到此時，家長們才會後悔自己做了壞榜樣，而孩子長大以後會因爲「失信」而失去朋友和大家對他的信任。

家長說話不算數必然失去自己在孩子心目中的威信。家長的威信從哪裡來？主要基礎就是自己的言行。說話算數、說到做到的家長，會使孩子重視他們所說的每一句話，從小向他們學習「有令必行」。

那麼，家長怎樣才能做到「說話算數」呢？

重要的是不輕易許諾，不隨便許願。不要爲了達到自己眼前的目的，就隨便答應孩子的任何要求。當孩子提出要求時，你一定要認眞想一想，這種要求是不是合理、能不能兌現。只要是合理的、能兌現的，你就認眞地承諾，然後一定去兌現。假如這個要求不合理、不可能兌現，你一定不要答應，而要耐心地和孩子一起研究出可行的辦法再答應。

關於失信的危害，有這樣一個寓言故事，很值得家長們反思。

河裡生活著一隻烏龜，這裡魚蝦成群，烏龜的日子過得很舒適。

一天，從遠方來了一頭河馬，牠十分困乏，眼看就要渴死了。河馬可憐巴巴地求烏

龜借這條河用一用，並發誓度過難關後一定將河完整地歸還。烏龜心地善良，便答應了河馬的要求，自己搬到天池去生活。

河馬潛入到河裡感到痛快極了，住了段時間，便從心裡覺得這河是自己的，心想，這河憑什麼是你烏龜的，這河是上帝的，誰有本事誰就佔有它，於是決定不把河還給烏龜了。

約定還河的日期到了，烏龜前來向河馬討要。河馬把腦袋一搖：「要河不給，要命一條，也不給。」

烏龜一聽，氣得直哆嗦：「河馬，你怎麼這樣不講信用，當時借河時，你說保證歸還我。」

河馬冷冷地一笑：「信用算什麼東西，一文不值，傻瓜才講信用呢！你這個蠢烏龜，快滾吧，否則我對你不客氣了！」

烏龜一見這陣勢，無可奈何地走了，牠非常後悔當初一時心軟，把河借給了不講信用的河馬。

然而，天有不測風雲。這年大旱，河水乾涸了，河馬沒有水，被太陽烤得皮開肉綻。牠去天池找烏龜，可天池的大門緊閉著，無論牠怎樣哀求，那大門始終沒有開。

不久河馬被曬死了，是失信害了牠。天算也挺厲害的。

讓孩子對許下的諾言負責

古代大哲學家老子有一句話：「輕諾必寡信。」意思是說輕易答應別人一件事，就一定沒有足夠的信用。沒有信用的人，不會有朋友，也不會有事業上的成功。

如何做到信守承諾呢？那就是，答應別人的事情之前，一定要愼重，認眞地想一想，自己能夠做到的再答應；一旦答應了的事，就要千方百計地去做好，這樣你才能不失信於人，才値得別人信任。

一位名叫許晴的家長朋友向兒子講過這樣一個故事，教導兒子要對自己的諾言負責。許晴說，在她的留言冊上，有一則留言最爲醒目。它剛勁有力，像一株帶刺的玫瑰，直刺進她記憶的心田：「也許這不是妳的錯，但我無法原諒妳違背諾言。」

事情是這樣的。

那一年，許晴擔任某校文學社的社長，他們決定辦一次「聲勢浩大」的社員文學作

品展。

萬前是個多才多藝的人，被譽爲「校園作家」。遺憾的是，萬前並非他們文學社的社員，但要是有他的作品，展覽就會錦上添花。經過討論，社團決定以「特邀作品」的形式展出他的作品，於是找到了萬前。

起初，萬前不願意，但面對大家誠懇的請求，他雙眼直盯著社長許晴的臉說：「妳得給我保證！因爲我向來不留底稿，也沒複印件……」

許晴笑了：「原來你是怕丟了作品。」

萬前點了點頭。許晴急忙拍著胸脯說：「這個你放心，我們有專人負責，保證做到完璧歸趙。」

然而，意外的事情還是發生了。展覽結束，一清點，才發現幾本精美的雜誌不見，那恰恰就是萬前的，上面刊載有萬前的文章。現在書丟了，這才後悔當初爲何沒有拿去複印一下，爲何非要展出原件。萬前也急了，漲紅著臉對社長吼道：「妳給了我保證的！妳許下了諾言的！妳不知道那是我最有分量的作品嗎？妳得還給我！我要靠它們去找工作呢！」萬前的話也把許晴逼急了，她大吼道：「這種事誰想得到！我不可能把它們捆在身上啊！」

「眞是一個無賴！」萬前一跺腳，氣得淚水都流出來，最後說出這句話就走了。

許晴知道，也許是這一原因吧，萬前最終沒有進入他想去的那家單位，因爲那家單位看重的就是要有幾篇有分量的作品。

畢業時，萬前留下了這一句話作爲離別的贈言：「這也許不是妳的錯，但我無法原諒妳違背諾言。」

是的，諾言是神聖的，古人說：「言而無信，非禮也。」我們應當知道，許下的諾言就要兌現，這也才是一個負責的人。

法國前總統德斯坦家有一隻名叫龐貝的寵物犬。

有一天，德斯坦帶龐貝在農場散步時，禮帽一下被吹跑了，由於風勢較大，轉眼就消失得無影無蹤。德斯坦對龐貝說：「寶貝，看你的了，回來我會好好獎勵你的！」

過了十分鐘多一點，龐貝就把帽子找了回來，回來後，德斯坦總統從冷藏櫃裡拿出兩顆山羊睪丸獎勵龐貝。就在牠吃完第一顆，準備要第二顆的時候，電話鈴響了。總統去接電話時，下意識地將那顆山羊睪丸裝進了自己的口袋。

等接完電話，德斯坦總統就忙著從後門乘車走了。出了農場，才發現自己鬧了笑話，便掏出那山羊睾丸，扔給了路邊的一隻鷹。

這以後，總統的寵物犬龐貝出現一個毛病，見到他就立起身子，用前爪扒他的口袋。一開始，德斯坦總統不知道是什麼原因，直到三個月後，再次帶牠在農場散步時，才想起自己的承諾沒有完全兌現。

找出原因之後，德斯坦總統有意在口袋裡裝了一顆山羊睾丸。他說，自龐貝吃了他從口袋裡掏出的那份獎品以後，就再也沒有扒過他的口袋。

正是由於這件事，德斯坦才決定了卻「玫瑰花諾言」案。他在一次內閣會議上講完龐貝的故事後，宣佈說，了結「玫瑰花諾言」的時候到了。最後，以二百三十六票對五票通過了總統的提議。

一九七七年四月二十二日，法國總統德斯坦回訪盧森堡，把一張象徵四九三六七八四．六八法郎的支票，交到盧森堡第五任大公讓．帕爾瑪的手中，以此來了結長達一百八十年的「玫瑰花諾言」案。

「玫瑰花諾言」案是怎麼一回事呢？在此簡單交待一下。這件事發生在一七九七年三月十七日。當時，法國皇帝拿破侖訪問盧森堡大公國，在參觀國立盧森堡小學時，他贈送了該校一束價值三個金路易的玫瑰花，並許諾只要法蘭西共和國存在一天，就每年送上一束，以作爲兩國友誼的象徵。

就在拿破侖離去之後，由於戰事繁忙，便把這一諾言給忘了！一八九四年，盧森堡大法官薩巴．歐白里鄭重向法蘭西共和國提出「玫瑰花諾言」問題，要求法國政府在拿破侖的聲譽和一三七四八六四．七六法郎（三金路易的本金，按複式利率五％計算，存期九十八年）之間進行選擇，此後成爲外交慣例，每年的三月十七日，盧森堡都要重提此事，使得法國的歷任總統在訪問盧森堡時，都要在談完正事之後，順便提一下「玫瑰花」之事，以示沒有忘記。

儘管「玫瑰花諾言」案已被了卻，但它對人們仍有啓示和影響，如今，身爲法國前總統的德斯坦，擔任歐盟制憲委員會主席的職務。他之所以能擔任這個職務，據說是因爲整個歐洲認爲，他是一個最值得信任的人。德斯坦在自己的就職演說中再次說道：「許下的諾言，一定要兌現。如果沒有兌現，下次見面時也一定要重新提起；千萬不要心存僥倖，認爲諾言會悄悄地溜走。」

是的，在這個世界上，哪怕是一隻狗都不會忘掉人類對牠許的諾言，更何況是一個人！

教孩子與時俱進地認識誠信

誠信其實是兩個概念，即誠實和信用，誠實的定義是「思想和言行一致」。就是想什麼就說什麼，說什麼就做什麼。信用的定義，就是能遵守約定。

關於信用，中國古代有個「尾生抱柱」的故事。尾生與人約定，在橋下的柱子處相會，但尾生去後，頓時傾盆大雨，山洪爆發，淹沒橋柱，赴約的人雨後才去，沒能見到尾生，以為尾生負約。但水退後，人們發現尾生還在約會地點抱住橋柱（當然已經死了），說明尾生是用生命來遵守約定。這個故事很感人，但並不能效法。為什麼呢？生命是極其寶貴的，每個人都應當愛惜生命。其實今天的孩子遇到類似的事，完全可以靈活處理，在保證安全的前提下，又不失信於人，做法很簡單，可以跟對方聯繫一下，說明情況。

對於誠信，有個很現實的問題，做父母的都不應該迴避。我們看一下游宇明寫的

《眞誠的世俗》就明白了。

侄兒小星前些日子頗有點悶悶不樂，原因是他在品德測試中，一道題目答錯了。那道題目是：「假若本地爆發洪水，你家裡一台高檔電腦與學校一台舊電視機都面臨被洪水淹沒的危險，你先搶救什麼？」全班同學都回答：「先搶出學校的舊電視機。」惟獨小星說要先找一條船，把自家的高檔電腦和學校的舊電視機都搶出來。老師批評他沒有大公無私的精神，並且告訴他：自家的事再大也是小事，集體和國家的事再小也是大事。

我也認爲老師的批評是對的。

我的觀念發生改變是在自己做了一道外國的測試題之後。題目是這樣的：一個風雨交加的夜晚，某人駕車在一鄉村公路上駛過，有三個人正在等公車，一個是患了重病的老太太，一個是救過他性命的醫生，一個是他心儀已久的漂亮女郎，而此人的車只能搭載一人。問，此人第一個應該搭載誰？

從感情上說，我覺得應該先搭載醫生，醫生是救過自己命的人，知恩必報是中華民

族的傳統美德；第二個自然是妙齡女郎，因為這個夜晚對於愛情確實是一個天賜的機會；如果有時間的話自然要返回來搭載那位老太太，因為她畢竟有病在身，何況年紀又那麼大。但經過一番「天人交戰」，我最終的選擇是：與醫生和妙齡女郎講清楚，請求他們的原諒，讓我先送有病的老太太。（我能想到這一點，要感謝老師和上級多年的教育）

答案卻出乎我的意料：把車鑰匙交給醫生，讓他送老太太去醫院，自己陪心愛的女郎一起等公車。

我得承認這個答案比我所有的選擇都高明：既報了恩，又做了好事，還能有機會和自己喜歡的人在一起，眞是一舉三得！這個答案自然是有私的，但比我最後設想的那個所謂「無私」的方案更有人情味，更容易被大家接受。其實，也不是外國人特別聰明，而是在寬容的文化背景下，一個人容易產生靈活而富有創造性的思想。

多年來，我們對公民進行道德教育的做法有點偏頗，好像什麼事一與「私」搭了邊，人的道德水準立即降級，我們惟獨想不到公與私，崇高與世俗並不是那麼水火不容，許多時候它們恰恰可以完美融合在一起。正因為我們對公民要求超出了一般人在生活中可以達到的高度，其結果，原本高尚的道德成了一些人的集體撒謊，甚至是貪官的作秀。

與其讓人虛僞的崇高，何不讓人眞誠地世俗。要知道，不違反道德和法律的世俗也是社會前進的重要推動力啊！

讓孩子學會善良做人

一個人的命運並不一定取決於某一次大行動，而更多的時候是取決於他在日常生活中的一些小小善舉。

成功有時很簡單，一個行善之舉，就能打開成功之門。菲利靠一把椅子的關愛，就得到了卡耐基的賞識，並成了美國鋼鐵業僅次於卡耐基的靈魂人物。王志東因熱心幫助一位用户將兩個排版軟體裝到同一台電腦上，而被王選看中，從而邁入了新的人生旅程。

行善能推開成功的大門

卡羅斯是一位大莊園主的兒子。七歲之前，他過著鍾鳴鼎食的生活。不幸的是二十世紀六〇年代，突然掀起的一場革命令他們家失去了一切。

後來，全家人來到美國的邁阿密。當時，他們所有的財產是父親口袋裡的一疊已被宣佈廢止流通的紙幣。

迫於生計，卡羅斯從十五歲起就跟隨父親打工。每次出門前，父親都這樣告訴他：「只要有人答應教你英語，並給一頓飯吃，你就留在那兒給人家幹活。」

不久，卡羅斯擁有了第一份工作，在海邊小飯館裡做服務生。由於他勤快、好學，很快得到老闆的賞識。老闆爲了提高他的英語水準，竟把他帶到家裡，讓他跟孩子們一起玩，一起學。

忽然有一天，老闆告訴卡羅斯，給飯店供貨的食品公司將招聘經銷人員，要是樂意的話，他願意幫助引薦。於是，他獲得了第二份工作，在一家食品公司做推銷員兼貨車司機。

出門時，父親告誡兒子：「我們祖上有一遺訓，叫『日行一善』。在家鄉時，父輩們之所以成就了那麼大的家業，都得益於這四個字。現在你到外面闖蕩了，最好能記著。」

卡羅斯記住了父親的話，每當開著貨車把燕麥片送到大街小巷的店時，他總是做一些力所能及的善事，比如幫店主把一封信帶到另一個城市，讓放學的孩子順便搭一下他的車。就這樣，四年時光轉眼即逝。

第五年，卡羅斯接到總部的一份通知，讓他去墨西哥，統管拉丁美洲的營銷業務，原因是他在過去的四年中，個人的推銷量如此之高，竟占佛羅里達州總銷售量的四〇％。

接下來的工作，卡羅斯幹得一帆風順。他打開拉丁美洲的市場後，又被派到加拿大和亞太地區；一九九九年，被調回了美國總部，任首席執行官。

正當卡羅斯被美國獵人頭公司列入可口可樂、高露潔等世界性大公司首席執行長的候選人時，美國總統小布希的商務部長提名名單上，寫著這樣一個名字：卡羅斯．古鐵雷斯。

如今，卡羅斯．古鐵雷斯這個名字已成爲「美國夢」的代名詞。前不久，《華盛頓郵報》的一位記者去採訪卡羅斯，就個人成功讓他談點看法。卡羅斯說，他很感激父親的教誨，他會永遠記住那番話。

是的，一個人的命運，並不一定取決於某一次大行動，更多的時候，取決於他在日常生活中的一些小小善舉。

中國山西一個偏遠而清苦的山村，有位老人給一個小男孩出了一個字謎：「一人本姓王，懷裡揣著兩塊糖。」小男孩聽說過這個字謎，立刻大聲回答：「金」。老人滿意地笑了，從貼胸的衣兜裡掏出兩塊水果糖，一塊遞給男孩，一塊送到自己嘴裡，兩人甜甜地吮吸著，似乎正享受著無邊的幸福。

這個場景被來自彼岸的金髮女孩瑪麗亞見著了，不由得想起了祖母的那棟帶大花園的漂亮別墅，想起常常邀請一幫孩子到家中分享她的糖果和故事的祖母，想起祖母和孩子一樣單純而暢快的笑聲。

正是那兩塊普通的水果糖和那兩張純樸的笑臉，讓瑪麗亞做了一個驕傲的選擇——留在中國西部，做一名幫貧助困的志願者，播撒更多的快樂和幸福。後來，瑪麗亞跟村裡人一起勞動，給村裡的孩子上課，還幫著山村招商引資，辦起了一個土產品加工廠，讓那裡的山民一天天富裕起來。村民感激地稱她是「幸福天使」。

許多人以爲贏得快樂和幸福很難。瑪麗亞的故事告訴人們，不需要太多的尋尋覓覓，不需要太多的權衡論證，只需懷揣兩塊糖，主動與人分享，就能擁有快樂的時光和成功的人生。

裘法祖之所以成爲中國醫學界泰斗級的大師，很重要的一點就是他從醫後的第一個

手術。那是一個小小的闌尾手術，可病人四五天後去世了。屍體解剖證明不是他的責任，但導師的一句「她是四個孩子的媽媽……」影響了他日後六十年的行醫生涯，讓他樹立了善待病人的理念。在袞法祖看來，善待病人是他人生中最重要的成就，而且比他的任何學術貢獻都重要的成就。

是的，成功有時就這麼簡單，一個行善之舉，就能打開成功之門。菲利靠一把椅子的關愛，就得到了卡耐基的賞識，並成了美國鋼鐵業僅次於卡耐基的靈魂人物。王志東因熱心幫助一位用戶將兩個排版軟體裝到同一台電腦上，而被王選看中，從而邁入了新的人生旅程。有位貧苦的鄉下人，因救了一位溺水少年，使自己的兒子實現了到倫敦聖瑪麗醫學院深造的願望——他兒子就是後來被英國皇家授勳封爵、榮獲諾貝爾一九四五年醫學獎的亞歷山大·弗萊明。

教孩子學會行善

孩子是世界的未來，孩子的成長需要引導、培養和教育。行善是一種高尚的道德行爲，在孩子中進行善良教育，對構建和諧社會、營造幸福人生有重大的功能。教孩子行善，我覺得可以從以下幾點做起。

一、愛護動物

大海邊，一個小男孩在退潮後把那些擱淺在沙灘上的小魚扔進大海。

一個行人問：「你在幹什麼？」

男孩頭也不抬地回答：「我在救小魚。」

行人又問：「沙灘上有成千上萬條的魚，你救得過來嗎？」

男孩認真地說：「我救一條是一條，如果我把這條也救了，海裡又多了一條生靈。」

行人再次問：「誰在乎你做的事嗎？」

男孩捧起小魚放進大海，說：「牠在乎。」又捧起一條更小的說：「牠也在乎。」

兒童都有保護動物的傾向。孩子的心靈，是一個善良的世界，要想這個世界不被污染，就得從孩子小時就教起。

在孩子剛剛蹣跚學步時，不少德國家庭就特意餵養了小狗、小貓等小動物，讓孩子親自照料以便學會體貼入微地照顧弱小的生命。幼稚園也飼養了各種小動物，由孩子們

輪流負責餵養，還要求注意觀察牠們的成長、發育、與牠們遊戲，還需要做好「飼養記錄」。正式入學後，孩子們的作文中常常會出現有關小動物的生動描繪，其中優秀的篇章會被教師推薦爲範文在壁報上發表。此外，小學生還熱衷於利用自己積攢的零用錢來「領養」動物園裡的動物，或捐款拯救瀕臨滅絕的動物。

二、善待生命

讓孩子善待生命，應當從愛護動植物開始，培養孩子的同情心和體恤生命情感的能力。

有位兒童教育家忘不了她小時候的一件事。母親養了幾隻雞，一天，母雞的爪子被重物砸傷。母親抱著這隻受傷的雞，讓女兒用藥水、紗布，給牠的傷口塗上「雲南白藥」，纏上紗布再用膠帶包好。隔兩天又給雞換藥。兩個星期後，雞傷痊愈了，可腳面有一個硬硬的大包，走起路來一瘸一拐。奇怪的是，雞總是跟著她。母親笑道：「雞也通人性，你對牠好，牠知道。」由此，她喜歡上了雞，整個童年的畫裡畫的都是雞，而且還在繪畫比賽中奪得了第一名。當然，對虐待動物和植物的孩子，應該立即糾正和開導。

三、憐貧惜弱

應當讓孩子明白這樣一個道理：仰慕強者也許是人之常情，而同情弱者更是美好心靈的體現。在成人社會的倡導鼓勵下，孩子們幫助盲人、老人過馬路早已蔚然成風；爲身有殘疾的同學排憂解難者也比比皆是。但法蘭克福曾發生過這樣一件事：有一個孩子粗暴地將一位上門乞食的流浪者趕走，全家人對此事極爲重視，並且鄭重其事地召開了一次家庭會議。大人們嚴肅認眞又耐心的開導孩子說，流浪者儘管穿著邋遢，但同樣享有做人的尊嚴。後來，孩子主動請這名流浪者來家做客，家人欣然同意。

四、寬容待人

法國大文豪雨果說：「世界上最寬闊的東西是海洋，比海洋更寬闊的是天空，但比天空更寬闊的是人的胸懷！」每個人都有其獨特性，有自己的愛好、追求，甚至怪癖，因此應當允許差別，包容相異，這是消融人際矛盾最好的方式，由此可以營造出一個親密友善的人際環境。

五、以鄰爲善

許多人都很欣賞月亮之美，卻不會感謝鄰居門口的燈以及屋後柵欄上生動的牽牛

花。有位母親對女兒說：不論你在什麼地方，要和你最近的那個人修好關係。這個「人」可能是你的同學、同事、室友，甚至是看電影時鄰座的陌生人。

白露的新鄰居是一對老年夫婦，可能是代溝的緣故，她們很少往來，偶爾在陽臺上晾衣服時，會打聲招呼，僅此而已。一天，白露忽然聽到叩門聲，以爲是朋友來訪，打開門一看，奇怪，是個陌生的女士，顯然她看出白露的尷尬，便很快自我介紹說：「不好意思，我是對面家的女兒，今天回娘家，想要送妳幾根蔥……我們應該做好鄰居！」原來是要透過送蔥來加強彼此往來。白露有點慚愧，覺得自己這個晚輩應主動與鄰居老夫婦拉近關係，想不到他們的女兒捷足先登了，而且這種方式非常簡單，卻很溫暖，關上門坐在沙發上感慨一番之後，白露便把兩個小孩叫過來：「記住，以後每天你們都要和對面的老爺爺老奶奶說話，或者請他們講故事。」接下去的日子，白露發現很多不同尋常的變化：放在門口的袋裝垃圾，常被人先提走了；鄰居把最美最香的花移到離白露家最近的陽臺上擺著，風吹著窗簾，白露分享著那陣陣襲來的花香。

六、及時行善

一個寒冬的黃昏，路邊有個乞討的老人瑟瑟發抖。應該是今天的「業績」不夠好，不然他可能會找個館子，喝一口熱湯，抵禦一下寒氣。這時，過來一個男孩，把僅有的十元錢給了那個老人。好在家不算太遠。男孩花了半個小時，一路小跑回到家，洗了一個熱水澡，舒服地睡了一個好覺。

男孩想，如果我用身上僅餘的十元錢坐車回家，又會度過一個失眠的晚上；我把那十元錢給了老人，跑步鍛煉了身體，因爲疲勞，我的睡眠品質相當好；而老人在這個寒冷的晚上，可以得到一點兒溫暖，我心無掛礙，甚至有點兒志得意滿。

「一個小小的善舉，可媲美運動一小時後所得的舒暢」。這是一條有名的標語。

總之，善良不僅是一種私人的美德，還是一種心靈的需要。但願這個社會彌漫著善良的空氣，但願每個人都讀懂女詩人狄金森的短詩：「如果我能使一顆心免無哀傷，我就不虛此生；如果我能解除一個生命的痛苦，平息一種辛酸，幫助一隻昏厥的知更鳥重新回到巢中，我就不虛此生。」

我們做父母的，千萬不要讓孩子抗拒心中善良發現的召喚。行樂要及時，行善更要及時。其實，很多時候，行善與行樂就是一回事。

第四章

用博大的愛心 善待弱勢孩童

面對「笨小孩」，需要的是關懷賞識

不要以為學習成績差的孩子，一生只能平平而已。肯定每一株「草」，說不定會早點發現「奇葩」。對成績不好的孩子，多一份賞識，多一份關愛，多一份責任，我們就會早點發現他們的天分。

沒有絕對的「笨小孩」

美國某大學的羅森塔爾博士，曾做過這麼一個著名的實驗。一九六〇年，在加州一所學校新學年開始時，博士讓校長把三位教師叫進辦公室，對他們說：「根據你們過去的教學表現，你們是本校最優秀老師，因此，我們特意挑選了一百名全校最聰明的學生組成三個班，讓你們教，這些學生的智商比其他學生都高，希望你們能讓這些資優生取得更好的成績。」

三位老師都高興地表示一定盡力，校長又叮囑他們：「對待這些孩子，要像平時一樣，不要讓孩子家長知道他們是被特意挑選出來的。」老師答應了。

一年之後，這三個班的學生成績果然排在整個學區的前列，這時，校長告訴了老師們眞相——這些學生並不是特意選出的最優秀學生，只不過是隨機抽調最普通的學生。老師們沒想到會是這樣，於是都認爲自己教學有方。這時校長又告訴他們另一個眞相，那就是他們也不是特意挑選出的全校最優秀教師，也不過是隨機抽調的普通老師罷了。

這個實驗中，三位老師都認爲自己是最優秀的，並且學生又都是高智商，因此對工作充滿了信心，教學自然非常賣力，結果當然是好的。

有位老師跟我講了這麼一個故事：

有個人要去遠方，便讓朋友幫他看守在山中的庭院，朋友很懶，全不像主人那麼勤快，把地面打掃得乾乾淨淨，只是偶爾掃一下被風吹進來的落葉，任那些破土而出的草芽隨意生長。有一天，朋友發現了棵與衆不同的草花，葉子又薄又長，開出五瓣的小花，氤氳著一縷縷的幽香，花形有點像野蘭花，只不過它是蠟黃的。朋友好奇地採了它的一朵花和幾片葉子，下山去找一位研究植物的同學，那人興奮地說：「這是蘭花的一個稀有品種，許多人窮盡一生都很難找到它，在城裡的花市上，這種臘蘭一棵至少價值萬餘元。

「臘蘭？」朋友愣住了。

回來後，朋友打電話把這個喜訊告訴了庭院的主人。主人很吃驚。過了一會說，其實那株臘蘭每年春天都要破土而出的，原以爲不過是一株普通的野草而已。主人感歎道：「我幾乎毀掉了一種奇花啊，如果我能耐心地等它開花，那麼幾年前我就能發現它了。」

故事說完了，這位老師說：「不要以爲學習成績差的孩子，一生只能平平而已。肯定每一株「草」，說不定會早點發現奇葩。對成績不好的孩子，多一份賞識，多一份關愛，多一份責任，我們就會早點發現他們的天分」。

還有一個孩子，五歲之前並無語言天賦，甚至被認爲是一個低能兒，他很少言語，偶爾與人交談也因聽錯或誤解對方之意而中斷談話。爺爺、奶奶憐愛地叫他「小傻」。五歲時，他隨父母從城市下放到農村。上學後，老師問他能否從一數到一百，他說不會。老師又說，你數一下自己的衣服扣子吧！他於是伸出小手在衣服上比畫著。儘管最終還是上了學，但沒有人對他抱希望，因爲他「天賦」太差。

這是胡敏描述小時候的自己。也許人們說，這個人生來沒有任何語言天賦，肯定學

不好英語；或者認爲他因缺乏天賦，幹不成事業。然而他說：「當你相信自己能創造奇蹟時，當你爲創造奇蹟付出奇蹟般的努力時，奇蹟就此產生。」

要說胡敏「爲創造奇蹟付出奇蹟般努力」，還得從他高中時談起。

升高中後，胡敏再次與陳春安老師相遇。陳老師是他初中時認識的。當時陳老師還未教他。胡敏說，陳老師是他成長中一個重要的人，是陳老師改變了他的人生軌跡，幫助他發現自己的潛力，並給予他一個努力的方向。

在高中的第一次期中考試後，陳老師爲英語考試前幾名舉辦了一個頒獎儀式。頒獎結束後，陳老師說：「期末考試後我還要獎勵一批取得了好成績的學生，希望大家努力學習，到時候我會親自把獎品交到你們手中。」說這話時，陳老師炯炯有神的眼看著全班同學，那些考得不理想的學生都覺得老師是在鼓勵自己，尤其是胡敏，更是覺得老師的眼睛一直看著他，他也當即明白，老師是在激勵自己好好學英語，爭取期末的獎品。胡敏很感動，從小除了父母外，幾乎沒有人對他抱過什麼希望，他心中充滿自卑，而陳老師用眼神和語言向他傳達了一個訊息：你有能力，你能成功！

從此，胡敏瘋狂地學起了英語，一點點啃，一點點學。他知道自己不比別人聰明，這就好比挑土：「我的力氣不大，一次只能挑別人的一半，但假如我多挑一次，就跟別人一樣多，假如我再多挑一次，就比別人的多。別人看一遍書，我就看兩遍、三遍，別人做完卷子向旁邊一放，我則是把答案一蓋，再做上幾遍。」

期末考試結束後，陳老師叫他批兩個班的卷子。

胡敏吃驚地問：「我，我行嗎？」

「怎麼不行？」陳老師說，「你的答卷就是標準答案。」

第一次得到老師這麼高的評價，胡敏無比激動。

陳老師故意放出風聲，說胡敏在批全班的考卷，性急的同學擠在老師家的窗前，衝他喊：「胡敏，我的卷子批完了嗎？多少分？」

面對此情形，胡敏不知自己該有多自豪：「當你相信自己能創造奇蹟時，當你爲創造奇蹟付出奇蹟般的努力時，奇蹟就此產生。」

這次經歷不但讓胡敏體驗了什麼是成功，更體驗到了追求成功過程中那種快樂的感覺，只要看到英語單詞就會不由自主地激動，就會把它反覆不斷地背下來，直到它眞正屬於他。

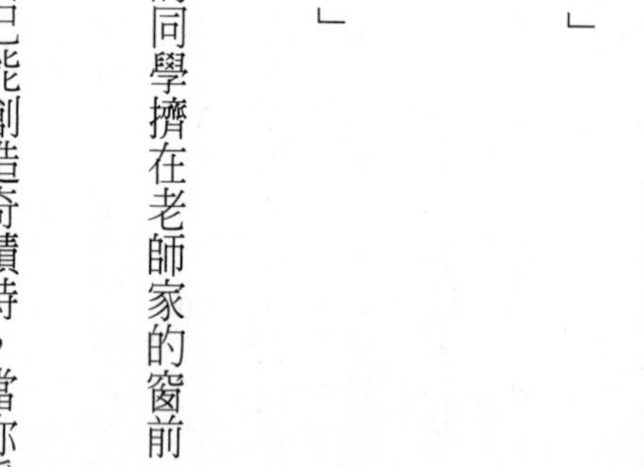

後來，他十九歲登上大學講臺，二十八歲成爲中國大陸社科類最年輕的副教授，三十二歲擔任英語碩士導師，三十八歲擔任北京新東方學校第二任校長和北京新東方教育科技集團總裁，把雅思培訓在中國做到最大，並研發了大量雅思教材，被業內人士稱爲「胡雅思。」

給「笨小孩」愛的陽光

課堂上，有一名身形十分單薄的女學生，臉色蠟黃，面容憔悴，精神疲憊。從她的神情可知，一定是在忍受著痛苦。

老師邊講解課文，邊走了過去，彎下腰輕聲問：「要不要去醫院？」

她搖搖頭。

老師說：「如果受不了，就伏在桌上休息吧。老師抽時間給你補課。」

她說：「老師，沒事的，我能堅持。」

在四十分鐘的時間裡，這名女學生一直強打著精神，聽著講解，寫著筆記。老師擔心她的身體，但更佩服她的堅強。是的，對一名弱小的女學生來說，忍著痛苦堅持學習需要很大的精神動力。課後，經過與她交談，老師才知道她從小就患有貧血症，是第一次遠離父母來異地讀書，剛來還不太適應，所以常出現頭暈心悸。於是關心地說：「父母沒在身邊，要學會照顧自己。你可以吃一些補血藥品，平時要加強營養，注意休息，只有休息好，才能有充沛的精力學習。妳有什麼需要和困難，都可以跟我說，讓老師來幫你。」聽了這番話，見她只輕輕地說了一聲：「謝謝您，老師。」離開的時候，她的眼角閃爍著晶瑩的淚珠。

當天，這名學生在周記中寫道：「在學校裡，要麼你學習成績特別優秀，要麼你多才多藝而又善於表現，你就容易得到老師的關注。而我成績中下，性格內向，出不了風頭，誰會關心我呢？能夠得到老師您的注意和關心，我真的萬分感謝。老師，是您的噓寒問暖讓我第一次感受到來自老師的溫馨，所以我要真誠地對您說一聲，『謝謝您，老師！』這次考試，我的語文剛剛及格，您一定很失望吧？不過，請您放心，我一定會用令您滿意的成績來報答您對我的關心。我相信在您愛的陽光裡，我一定能健康成長。」

當周記交上去，老師一看，先覺得渾身沈重，之後又熱血沸騰，見她有這份自信與堅強，又感到很欣慰。闔上本子，她在心裡說：「如果我對她的關心也可以算是愛的陽

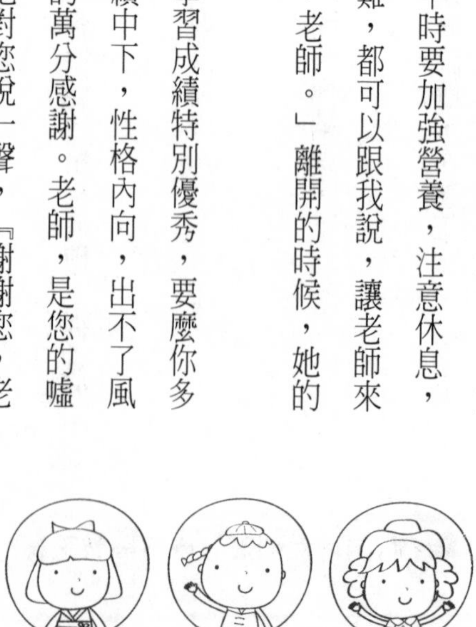

光，那也只是一束微弱的光線呀，不經意間卻換來她精神世界的萬丈光芒，驅散了她心靈深處的陰暗與寒冷，啓動了她青春年少的情感漣漪。」

「愛的陽光」這四個字深深地觸動了老師，她不由得起身走到窗前，一推窗戶，屋子裡頓時一片明亮，靜靜的秋陽暖意動人。

在這個世界上，太陽是無私的，她把自己所有的光明和溫暖都平等地灑向了人間。許多老師常抱怨笨小孩，其實，只要老師心中有愛，笨小孩美好的一面便會展現在眼前。一位老師要是做不了太陽，就做一束光，發一分光熱，去照亮孩子的思想，溫暖孩子的心靈吧！

從學習最差的孩子帶起

馮艾是上海復旦大學社會系研究生，先後赴寧夏、雲南教書。剛到寧夏西吉縣某中學不久，她發現有些學生在自習課上打撲克牌；有些老師遲到、早退，對工作不能盡職盡責；甚至全班有一半的學生輟學，她很是著急，但更多的卻是無奈。

不過，馮艾馬上調整心態平靜下來，腳踏實地從每一件小事開始做起。

她首先要面對的是學生學習基礎極差的問題。尤其是有個學生，都上高中了，連二十六個英文字母都背不全，馮艾讓他每天放學後來宿舍補課，從「ABC」開始補起。有一次補完課天已經黑了，馮艾不放心，就獨自一個人送他走那麼遠的山路回家。可回來的時候卻迷路了，天又刮起大風，她一個人在黑夜籠罩下的山裡轉呀轉呀，又急又怕。這時候忽然看見遠處有三三兩兩的火把亮了起來，聽見有許多人在呼喊自己的名字——原來是校長帶著村民還有學生上山找她來了。馮艾一下子哭出聲，哭得像個孩子……這位學生的英語成績從最初的八分到二十八分再到四十八分，這點點滴滴的進步讓馮艾感到非常欣慰。

在寧夏的時候，班裡有一個叫馬秀蘭的女生，因父親身患重病，家境極其貧困，很自卑而內向，成績也不好。

無意中，馮艾的言行觸動了這個孩子，使得她主動給自己寫了一封長信，傾訴了她的苦惱與茫然。在信裡，她叫馮艾「姐姐」。這樣的文字交流成了她們之間的小秘密，馮艾會經常悄悄給她遞小紙條：「今天表現不錯，再接再勵！」或者是：「知道嗎？妳笑起來很漂亮，希望能經常看到妳的笑容！」她也會給馮艾遞小紙條，關心著馮艾的生

活：「姐姐，天冷了，多穿件衣服。」眼看著一個沈默寡言的孩子一天天變得活潑起來，馮艾不由自主地關注她，像任何一位姐姐關注妹妹一樣。馮艾忽然覺得，原來陌生人之間，也眞的可以有親情。

這一年的寒假馮艾回到北京，馬秀蘭大概很擔心她不回去了，便寫信說：「姐姐，妳不在，我做什麼都沒興趣。」同時還寄來家裡油炸的丸子，丸子寄到北京早已碎成粉末，但更讓馮艾心疼的是那筆對馬秀蘭來說太昂貴的郵費——她是在以自己的方式竭力向老師表達挽留之意。

馬秀蘭後來考取了師專，成了村裡的第一個大學生。

其實很多學習成績不好的孩子，也是非常可愛的，也許他們的智力和學習方法比不了那些頂尖資優生，但只要老師們都能向馮艾學習，把愛的陽光無私地灑給每位學生，就一定會驚喜的發現，每個學生都有成才的潛質。我覺得，老師眞正的使命，是讓每位學生都能在愛的陽光裡快樂、健康地成長，而不是僅把目光盯在幾位頂尖的學生身上。

面對單親，需要的是寬容和瞭解

父母離異，或一方喪偶，這對孩子都是不幸的。身為老師，應該留心觀察，多瞭解孩子，一旦發現單親孩子，對他們反常的舉止，學習成績下降等要給予理解和幫助。

只要老師多一點愛心，多一份親情，讓單親孩子生活在溫暖的團體當中，他們就會被感染，就會樂觀起來。

當然，老師也應當教孩子學著理解別人，為家人著想。

多點寬容，少點怒氣

現在，單親家庭的孩子眞多。據瞭解，北京某所小學的一個班就有三分之一的孩子是單親。與此同時，他們的煩惱也眞多：

「父母離婚前，天天吵，我勸他們別吵了，他們說『不用你管』！慢慢的，我變得冷漠了，他們吵架我也不聞不問。現在他們分開了，而我也習慣了淡漠的生活。」

「我是單親的孩子，我跟了我爸，可是他天天喝酒，有時喝得醉醺醺的回家就睡，叫也叫不醒，醒了就罵我，我傷心極了！我不知道自己該怎麼辦？」

「我爸出車禍去世了，我媽天天哭，我也跟著哭，我不知道以後會怎麼樣？」

有這麼一個故事。從某師範大學畢業的小孟來到大都市中學任教。隨著工作後收入增加，漸漸有了城裡人的優越感，同時也生出了一些壞毛病。

班裡有一個叫吳東的笨小孩，常常被請進辦公室，但依然我行我素。一天，孟老師通知了他的家長。

第二天，一個瘦弱的山村女人找到了孟老師家。孟老師感歎她的不幸，丈夫早逝，孩子無知。

他們面對面坐著，隔著一張茶几，上面擺著一籃好看的蘋果。終於，孟老師說：「再違紀必須退學！」無助的母親默認了。就在母親起身離去時，孟老師突然意識到自己的疏忽，畢竟人家是客人，隨即拿起一個蘋果塞到她的手中，她努力推辭著，最後還是收下，拿了蘋果離去。

下午，小孟正辦公時，門被敲開了，孟老師一看竟是吳東的母親。她站在門外，一副心事重重的樣子。終於鼓足勇氣，紅著臉，走到孟老師的桌旁，從包包裡拿出個蘋果說：「老師，沒找著吳東，這個托您拿給他——」孟老師很吃驚，那又大又紅的蘋果分明是……突然，孟老師喉頭直熱，一言難發。送走她時，感到一絲希望。

晚自習時，孟老師特意給學生們講了一個蘋果的故事，大家靜靜地聽著，都很感動。之後，孟老師單獨對吳東說，這個故事是關於他和他母親的，並把那個蘋果給了他。吳東哭了，哭得很傷心。後來，吳東和他的同學們都有了明顯的進步。孟老師也感到很慚愧，身爲一名教育者，應該像父母愛孩子一樣對學生才是，可自己的脾氣又大又壞，是這件事讓他學會了寬容和愛。

再說個故事。

「這個沈鵬，上課時竟把前面兩個女生的辮子結在一起，還在上面別了一支筆！」孫老師生氣極了，想著他遲到、曠課、作業不交、上課做小動作、搞惡作劇、課間打架等種種劣行，決定要好好治他。

孫老師醞釀著情緒，等同學們陸續走掉，就給他來一場雷霆之怒。沈鵬坐在座位上，和老師對峙，一臉的倔強和不以爲然。

終於孫老師乾咳幾聲，爲怒吼做充分準備。正在這時，有個學生氣喘吁吁地跑來說，有個學生的自行車鑰匙不見了，讓老師幫忙把車鎖撬開。於是，孫老師趕緊跑去爲他們排解困難。

車鎖實在費事，等擺平時，天已漸黑。忽然又想起那個調皮小子，孫老師以爲他大概早就跑沒影了吧，但還是向教室走去。

沒想到那個小小的影子還站在那兒。孫老師有點心動，怒氣也隨之煙消雲散，心想，教育也不是萬能的，算了，讓他走吧。就在這時，突然一陣冷風吹來，見沈鵬打了個寒戰，孫老師陡起一股溫情，用手摸著他的頭，俯下身子和氣地說：「沈鵬，謝謝你還在這兒等我，天黑了，讓我送你回家吧，好不好？」他眼睛亮閃了一下，隨即又黯淡下來，有點語吃地說：「不……不用了，我媽媽還沒有下班。」孫老師笑著說：「我可不是去告你的狀，只是想送你回家。」他沒言語，跟在孫老師身後。

車沒騎多久，孫老師忽然停下，把外衣硬給沈鵬穿上……從那以後，孫老師發現，沈鵬一改往日的不良習慣。孫老師開始不太在意，但在課堂上還是及時表揚了他。令人欣喜的是，他期中考試的成績竟然前進了十多名。

開家長會那天，是沈鵬的爺爺來參加，這才知道沈鵬父母離婚了，媽媽不要他，爸爸在外地工作，只好和爺爺過……

孫老師背過身，抑制不住的淚水滑落，不爲自己意外的收穫，是爲自己曾經的冷漠而慚愧。

多點瞭解，少點偏見

新班主任湯姆森老師說，她將對所有學生一視同仁。但事實上，她沒有從心底平等對待那個坐在最前排的小男孩，他的名字叫泰迪．斯特達頓德。泰迪的衣服總是亂糟糟的，身上總是散發著一股臭味，沒有哪個孩子願意跟他玩。正因爲此，湯姆森老師在的檔案上用紅筆畫了個粗大的×，然後在作業的最上邊寫了個大大的「F」。

不久，學校要求新班主任瞭解每個孩子過去的表現。當湯姆森最後讀到泰迪的檔案時，不由得爲其遭遇震驚。

一年級班主任寫道：「泰迪是個快樂的孩子，臉上經常露出眞誠的笑容。他能按時完成作業，字寫得很漂亮。他總有些好點子，給身邊的同學帶來歡樂。」

二年級班主任寫道：「泰迪是個出色的學生，一直受到同班同學的喜歡。但是他有些苦惱，他的母親患了不治之症，臥病在家，生活上有些困難。」

三年級班主任寫道：「泰迪母親的去世對他打擊很大。他竭盡全力，想做到最好，但父親對他不關心。如果家庭狀況不能改善的話，將會對他的前途不利。」

四年級班主任寫道：「泰迪倒退了，對上學沒有興趣，有時候還在課堂上睡覺。他行爲變得孤僻，同學們漸漸疏遠了他。」

問題原來在此，湯姆森爲自己輕視這個孩子而感到臉紅。

當教師節來時，泰迪送了件與衆不同的禮物。湯姆森打開那包廢棄的牛皮紙袋，裡面只有一條用打磨過的小石子串起來的手鏈，儘管做工粗糙，但看得出費了不少心思；此外還有瓶劣質香水，而且已經用掉了一大半。學生們譏笑起來。但湯姆森卻驚喜地叫道：「多麼可愛的手鏈！」她戴上了那串石子手鏈，還在自己的手腕上拍了一點瓶中的香水。見老師這麼喜歡，同學們止住了笑，甚至有點羨慕這別出心裁的禮物。

下課後，泰迪鼓起勇氣對湯姆森說：「老師，那香水是我媽媽去世前用的。今天聞起來妳就像我媽媽一樣。」湯姆森很感動，感動這怪孩子向她打開了心門。

此後，湯姆森特別關注起泰迪來。慢慢地，他的頭腦好像又靈活了起來。越是鼓勵，進步得越快，泰迪也變得乾淨了，活潑了，朋友也多了起來，漸漸成了班上最機靈的孩子之一。儘管她曾經說自己對所有的學生一視同仁，但同學們的眼中，泰迪成了「老師的寵兒」。

小學畢業那年，湯姆森老師在自家門前發現了泰迪留下的字條，上面寫著：「您是我遇到的最好的老師。」

教孩子走出痛苦尋找快樂

先來看一個單親孩子講的故事吧。

「你快樂所以我快樂……」一個人走在大街上，對面的唱片行傳出這十分熟悉的歌。我快樂嗎？我本不快樂，但是爸爸有了幸福的家庭，他很快樂；媽媽也有了幸福的家庭，她也很快樂；所以我也很快樂。我把他們的快樂當做我的快樂……

媽媽剛走的時候，爸爸有好長一段時間都特別頹廢，下班回家就在黑漆漆的房間裡抽煙，抽了好多好多。我知道爸爸是痛苦的，悲傷的，因爲他太愛媽媽了。他在我面前

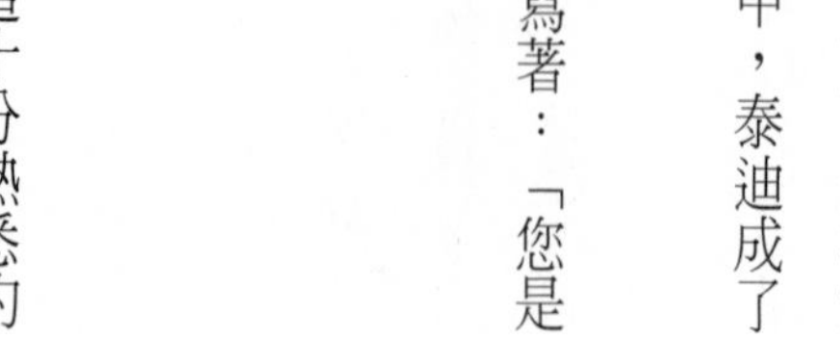

極力地掩飾，可是他不知道他炒的青菜是生的，糖醋排骨的糖放成了鹽，冰箱裡的牛奶是上個月的……我也從來不計較，因爲怕爸爸發火，怕他精神崩潰，怕他因爲我而更加痛苦……

雖然這種生活使我性格孤僻，在同學眼裡我是一個不和任何人來往的「怪物」，大家欺負我，嘲笑我。我從來不把這些事告訴爸爸，因爲我已經習慣孤獨了，我不需要別人的關心和愛護，我只要有爸爸就夠了。後來爸爸變了，他的話多了，精神也好起來，我知道爸爸找到了她——我的繼母。她對爸爸特別好，噓寒問暖，對爸爸的關懷總是細心周到。可是她不喜歡我，她覺得我比不上她美麗的女兒，是的，我眞的比不上總是開朗快樂的姐姐。

我靜靜地回到媽媽的身邊，因爲我要讓爸爸快樂幸福，這樣我才會快樂幸福。我不想讓爸爸爲難，更不想成爲爺爺的精神包袱。

我已經不需要媽媽照顧，因爲我長大了，我懂得怎樣照顧自己，何況媽媽還有一個小我五歲多的兒子。

「你快樂所以我快樂，玫瑰都開了……」哼著歌，我繼續向前走，繼續我的快樂。

這個孩子很懂事，很堅強，很能爲人著想。父母離異對孩子來說的確是不幸的，但如果每個單親孩子能像她那樣多爲大人想想，把父親或母親的快樂當成自己的快樂，結果就大不一樣了。

快樂就是這樣奇妙，付出多，得到的更多。

有個自稱「灰姑娘」的單親女生，開朗、快樂，給爸爸找了一個好妻子，給自己找了一個好後媽。我們來看一下她的故事吧。

「灰姑娘」在日記中寫道：「說起來，我應該算作現代版的灰姑娘了。呵呵，不好意思，和灰姑娘不同的是，我到現在爲止還沒有遇到白馬王子——我還不到年齡呢！」

其實，「灰姑娘」以前並不陽光，因爲「母親去世後，老爸整天忙著工作，他和我的交流都是從詢問成績開始，以拳頭落下收場。我的成績總是不盡人意——確切地說不盡他意。其實我在班裡也是前十名，還是班級幹部。每次我被老爸教訓，就有不想活的念頭，眞想讓媽媽把我也帶走算了。」儘管灰姑娘也獨自哭過，甚至上初中後還「打架」、「瘋玩」，但她「儘量保持成績不退步——這是我唯一可以安慰媽媽在天之靈的事情，我不能對不起媽媽」。

一次，她見著媽媽的朋友芸阿姨。懂事的灰姑娘知道芸阿姨與父親認識，年齡相仿，離異無孩，對自己也好，憑直覺認爲他們能產生感情。此後，她絞盡腦汁地想各種辦法讓芸姨和父親見面、相處。見父親眞的很接受芸姨，很不講究衣著的他，現在居然把自己收拾得很精神，還恢復了一些業餘愛好，跑步游泳什麼的。一次，父親問她的成績表現，本來一直很嚴肅，後來忽然然用柔和的語氣說：「妳呀！……算了，自己把握好自己就行。」還撫摸了女兒的頭，爲什麼呢？這也是芸阿姨勸父親對孩子要態度溫和才好，不能動不動用暴力解決問題。後來的事情漸入佳境。

人其實是相互依賴、相互依存的。灰姑娘的智慧就在於，她讓父親快樂起來，也讓自己快樂起來。父親有了愛，也變溫柔了。因此，當你給別人一個快樂，別人也會給你一個快樂。給父母一個快樂吧，父母也會給你一個快樂。

面對長相，需要的是改變偏見

有時，老師一句包含愛的簡單話語，就會讓一個長相不好的孩子，掃除了自卑，樹立了自尊，點亮了奮鬥的心燈，成為一個受人歡迎的好學生。

身為家長和老師，應當告訴孩子，面對長相，你有一萬個欣賞自己的理由，因為在這個世界上，每個人都是獨一無二的，就像天下沒有兩片一樣的樹葉。人因差異而美麗，世界因不同而精彩。一個人要想被別人喜歡，首先要自己喜歡自己。

送「醜小鴨」一個美麗的童話

常常聽一些父母說，孩子不愛照鏡子，怕從鏡子裡看到眞實的自己，長得太醜，看著自己覺得不舒服！我說，孩子是父母愛的結晶，大自然神奇的一分子。近來，又看到一些孩子的苦惱和抱怨。

一位小女孩在信中說：「我長得太醜了，比安徒生筆下的醜小鴨還要醜！每天面對

鏡子時，我想到的只有一個字——死！」

還有一個男孩說：「看我長得又黑又瘦，很多同學就管我叫『非洲難民』。可我一出娘始就這樣，怎麼洗也不白，怎吃也不胖呀！」

尤其是一女孩的來信更讓我震驚，她說自己在網上認識了一個男的，很談得來，見面後，人家嫌自己太矮。男的說和她在一起感覺是在拐賣兒童，還說，才一五〇公分稍多一點的人可能連生育都是問題。這女的一氣便離男的而去。

看來，成長中遇到的煩惱，對孩子的影響還眞不小。家長和老師，眞的需讓孩子正確認識自己，重新快樂起來。

來聽個故事吧。一個小男孩背上有兩道明顯的傷痕。這兩道傷痕，從他的頸部一直延伸到腰部，上面佈滿了扭曲的肌肉。小男孩非常討厭自己，害怕換衣服。但時間一長，他背上的痕還是被同學們發現了。「好可怕呀！」「你是怪物！」「你的背上好恐怖！」天眞同學無心的話語最傷人，小男孩哭了，哭得很傷心。

第二天上體育課時，小男孩怯生生地躲在角落裡脫下他的上衣。這時，所有的小朋友又露出了詫異和厭惡的聲音：「好噁心呀！」「他的背上生了兩隻大蟲。」小男孩的淚水不聽話的流了下來。

這時，老師走過來，幾個同學馬上跑到老師身邊，比劃著小男孩的背。

老師慢慢地走向小男孩，露出詫異的表情，然後轉過身來，「老師以前聽過一個故事，好想現在就講給你們聽啊！」同學們最愛聽故事了，連忙圍過來。

老師指著小男孩的疤痕，繪聲繪色地講了起來：「這是一個傳說，每個小朋友都是天上的小天使變成的，有的天使變成小孩時，很快就把他們美麗的翅膀脫下來了，有的小天使動作比較慢，來不及脫下他的翅膀，就會在背上留下兩道疤痕。」

「這就是天使的翅膀嗎？」同學們露出驚疑的神情。

「對呀！」老師神秘地微笑著說。

小男孩呆呆地站著，原本流淚的雙眼此時此刻停止了流淚。

忽然，一個小女孩天真地說：「老師，我們可不可以撫摸一下小天使的翅膀？」

「這要問問小天使願不願意啊？」老師微笑著向小男孩眨了眨眼睛。

小男孩鼓起勇氣，羞怯地說：「好啊！」

女孩輕輕地摸了摸他背上的疤痕，高興地叫了起來：「啊，眞棒！我摸到天使的翅

膀了！」

這麼一喊，所有的小朋友都拼命地跟著喊：「我也要摸摸小天使的翅膀！」

小男孩從此變了，他深深感謝這位讓他重振信心的老師。高中時他參加全市的游泳比賽，得了亞軍。

還有個男孩子，也不知何故，一隻小手黃黑透亮，疙疙瘩瘩，一點也沒有小孩子手應該有的嬌嫩紅潤。再看全身上下包括臉部，都長了那麼一層硬硬的黑黃殼，村人叫他蛤蟆皮。

有個女孩見了，感到很奇怪，回家後便說了自己的疑惑，善良的母親鄭重其事地告訴女兒，你們老師講，那孩子乃是海龍王的小兒子，因爲龍的全身都是鱗片——所以才生成這樣。原來龍子龍女到了人間，因爲怕被人認出就會變得這麼醜。

第二天一到學校，她把這事當特大新聞告訴那男孩，可他不以爲奇。原來他媽媽——我們的小學老師林老師，早就把這身世秘密告訴了他。怪不得小男視在歧視和孤獨中，還活得那麼安恬，完全不像一些身體有殘疾的孩子一樣沮喪。

這個故事在小夥伴中悄悄流傳，大家的眼神從此變成了好奇和羨慕。要知道，小夥伴們都知道青蛙王子的童話，等長大後，他也會在公主面前變成一個英俊的王子呢！

講故事的小女孩和那男孩走在一起，也覺得成了公主。林老師爲什麼要收養那個男孩，而且還編出這樣一個美麗的童話？其實，面對殘酷的現實，哪怕是容貌醜陋，只要有一顆美麗善良的心，也能生活得很幸福。據說，諸葛亮的妻子，因爲長得醜，人家都叫「黃阿醜」，但「阿醜」成了丈夫的賢內助，諸葛亮對她也相敬如賓，恩愛有加。

身爲家長和老師，應當告訴孩子，面對長相，你有一萬個欣賞自己的理由，因爲在這個世界上，每個人都是獨一無二的，就像天下沒有兩片一樣的樹葉。人因差異而美麗，世界因不同而精彩。一個人要想被別人喜歡，首先要自己喜歡自己。

給「灰姑娘」一份真誠的關懷

一個女孩很討厭自己的長相：畸形的裂唇、彎曲的鼻子、暴突的牙齦，說起話來還結巴，而且左耳失聰。上蒼眞是把身體的缺點都給了她。她認爲：「除了家人外，沒有人會愛我。」上小學二年級時，老師帶大家玩耳語遊戲，女孩怕遭嘲笑，不敢說出來，可這次正好要求捂住右耳，而她唯一能聽到聲音的只有右耳。

小女孩打算作弊：把捂住右耳的手稍抬起一點。讓她出乎意料的是，老師說了一句：「真希望妳是我的女兒。」剎那間，彷彿有一束溫暖的陽光射進這女孩的心田，溫暖了她受傷的、幼小的心靈。智慧而又善良的老師，僅僅以八個字的一句話，讓這個長相醜陋的小女孩，掃除了自卑，樹立了自尊，點亮了奮鬥的心燈，成了一個受人歡迎的優秀學生。

我還知道這麼一個故事。

在俄亥俄州的克利夫蘭城，有一條蓋茨大街曾經看起來又髒又亂。住在那裡的人們都很窮，沒有誰想過要改善這裡的環境。

一年春天，許多小女孩都穿著漂亮的新衣服，但有個小女孩還穿著那身已穿了一個冬天的髒衣服。此外，她的頭髮亂蓬蓬，臉上髒兮兮的。

一天，老師說：「孩子，明天早上來學校之前能洗洗臉嗎？請妳為我做這件事。」小女孩同意了，而且比平時早起了一個小時，認眞地洗了兩遍臉。望著鏡子裡的自己，她決定把頭髮梳一下。她找到一根橡皮筋，把頭髮紮成一個俐落的「馬尾巴」。老師表揚了小女孩，又單獨對她說：「我的孩子，請妳媽媽把妳的衣服洗一洗。」小女孩紅著臉說：「我只有這一身衣服呀。」

第二天下午，老師放學時，把一件新的天藍色連衣裙遞給小女孩。小女孩對老師謝了又謝，急切地拿起這珍貴的禮物，跑回家。

早晨終於來到，小女孩穿著新連衣裙，是那麼的乾淨和整齊。她對老師說：「今天早上，當媽媽看到我穿著新連衣裙的時候，非常驚訝地說，『原來我有一個這麼漂亮的小女兒』。我爸爸不在家，他上班去了。但今天晚上他會看見我的。」

小女孩也覺得自己很漂亮，就像「灰姑娘」穿上了禮服和水晶鞋。父親回家果然格外驚喜。接著忽然發現桌上鋪了一塊花布——這個家以前從來沒有過桌布。妻子告訴丈夫：「這是一塊桌布。親愛的，我想，女兒這樣乾淨漂亮，而我們家又髒又亂，這不是一件光彩的事。」

晚飯後她們開始清洗地板。丈夫看了一會兒，一言不發就走進後院開始修圍牆。一個星期後，小女孩的父親在後院開闢出一個花園。

鄰居看見小女孩家煥然一新，也開始整理花園。望著漂亮的花園，鄰居覺得房子很難看，於是又粉刷房屋。接下來，左鄰右舍也紛紛效仿。蓋茨大街的人們平生第一次認

識到生活環境越乾淨，感覺越舒適。

不久，一家教堂的牧師路過這裡，注意到這裡的人生活條件很差，心想：住在這樣的街道卻仍然爲了有個乾淨的家和整潔的院子而努力的人們，應該得到幫助。

再接下來的事，可以說是順理成章，蓋茨大街鋪上了硬路面，有了路燈，屋裡也通了自來水，小女孩得到新連衣裙後的六個月，蓋茨大街成了一條整潔的街道，鄰里和睦，家人體面。

一位記者寫了一篇文章，名爲《蓋茨大街大掃除》。自此，成千上萬的美國人開始粉刷房屋、修繕家園。

奇蹟的發生，都緣自老師一件新的藍色連衣裙的關懷。我們的老師要是都這樣，說不定，生活中會有多少奇蹟產生呀！

學「小丑男」的率真自信

美國這個國家也許眞的千奇百怪，什麼事情都會發生，既有時髦的一面，也有「老土」的一隅。

衆所周知，《美國偶像》是一個收視率很高的電視節目，成功捧紅多個新星。

二〇〇四年一月三十日晚，這個現場直播節目出現了一個梳著老土的頭髮，長著大暴牙的華人參賽選手孔慶祥。這個十一歲從香港移民到美國，當時正在美國伯克萊大學工程學系三年級就讀的小丑男，演唱的是瑞奇·馬汀的《she Bange》，可演唱水準是空前絕後的差勁，他舞姿僵硬，英語錯漏，旋律走調……

沒唱到一半，台下已笑成一片。一位黑人評審甚至用一張白紙遮掩著臉，肆無忌憚地狂笑，另一個評審、著名的電視人西蒙·科洛維爾更是忍無可忍，打斷了孔慶樣的表演，問他：「你既不會唱，也不會跳，你來幹什麼呢？」全場觀衆都等著孔慶祥狼狽不堪的逃脫，等待下一個爆發的狂笑。

誰都沒想到，孔慶祥竟十分平靜地說：「我已經盡力了，所以完全沒有遺憾。要知道，我並沒有接受過任何專業訓練。」說完，小丑男鎮定地向評委致謝，背著他的黃包走下舞臺，像是一個去上學的學生。

孔慶祥根本沒想到他在舞臺上那兩句平靜的回答，令他一夜間成爲美國偶像！現場直播的當天，至少有三家網站專門轉播了他的表演，其中一家網站四天的點擊率竟高達

四百萬次！有人即時建起了孔慶祥個人網站，訪問量在一周內超過七百萬次，有些女孩們在網站留言，表示愛慕，甚至要以身相許。很快，這個節目被傳到多個國家和地區，無數的電臺反覆重播。他蹩腳的演唱進入音樂排行榜前十名。《洛杉磯時報》、《人物》雜誌及一些權威的電視節目採訪他，牙科診所希望能免費爲他做牙齒矯形，牙齒保健商希望和他談廣告合約……

二〇〇四年四月六日，孔慶祥推出首張個人專輯，在美國發行首周熱賣三萬八千張，在專輯銷量上排三十四名，還超過了美國華裔著名大提琴家馬友友排行第五十八名的成績。

如此蹩腳的歌手一夜之間成爲美國偶像，引起了世界轟動。這位「醜陋」的歌手莫名其妙地贏過了大提琴演奏家馬友友，實在讓人無法理喻。還是一位社會學家一語道破天機：「美國在崇尚『老土』，認同傳統。」

「我已經盡力了，所以完全沒有遺憾」，它點中的正好是當今美國人的穴位，這是一種寶貴的心態，展現著一種坦誠與勇氣。坦誠與勇氣，絕不是什麼另類超前的玩藝，這無疑是人類認同了千百年仍然不掉色不減價的東西。它「老土」，卻不朽。儘管有人無法接受他的「演藝」，但「我已經盡力，所以了無遺憾」的心態著實讓人欣賞。醜男的一夜當紅，既在於他的坦然和勇氣閃耀著金子般的光澤，更在於時髦的美國人依然「老土」，外表超越時代的美國人內心依然「傳統」。

知名人士潘傑克曾對孔慶祥進行過採訪。在採訪之前，他一看這人的資料，覺得孔慶祥並沒有什麼特長與像樣的成就，根本就不值得自己採訪。可當潘傑克做完這期節目後，頗有感慨，並一再告訴自己：永遠不要對一個自己不瞭解的人輕易做出判斷！

潘傑克坦言：「的確，這個孔慶祥傻呵呵的，錄製節目時，我讓他唱英文歌，他就唱英文歌，讓他唱中文歌，他也張口就來，他天眞坦率，無所顧忌，想說什麼就說什麼，回答不出問題時，還常常要轉身問問父母……然而談話中，我漸漸發現，這個男孩雖然不夠聰明，甚至有點「少一根筋」，但他有他的道理。比如當我問到他爲什麼要終止在伯克萊大學的學業時，他回答說，『人生的機會很少，抓不住就沒有了。我一直想在演藝界發展，想當演員，而目前就是個大好的機會。現在我的唱片正在大賣，在美國，我有了成千上萬的粉絲。如果放棄目前的大好時機去上學讀書，可能永遠失去在演藝圈發展的機遇。但如果抓住目前的機會好好閃亮一次，那麼以後無論何時回到學校讀

書都不會有什麼遺憾了。』

聽了他的歌，我想他永遠不會成爲一個像樣的歌星，但我從他身上卻學到很多東西，那種眞實，那種自信，那種有了夢想就一門心思往前衝的勁頭。他這樣一人人，可以給世界上所有不那麼聰明、天資一般的人以啓示。我最喜歡的，還是他說的那句話，『我已經盡力了，所以完全沒有遺憾。』」

面對「弱」「殘」，需要的是轉變心念

原來，這個弱智男孩頭頂上的天空，與正常人的一樣美麗。

每個人只要多一分接納，少一分偏見，這個世界可以沒有隔閡，沒有界限。

但丁在《神曲‧第十三歌》中寫道：「哈比鳥以樹葉為食料，給他痛苦，又給痛苦以一個出口……」受啄是痛苦的，卻給了原有的痛苦一個流淌的出口——以皮肉之苦來釋放內心的痛苦，痛苦之深可見一斑。

記住，無論何時都不要放棄希望，哪怕只剩下一隻胳膊，也要用胸膛去迎接生活；無論何時都不要放棄夢想，哪怕殘疾到無法行走，也要用心靈去飛翔。

求同，但不要排異

在某中醫學院，有個衣著整潔、容貌端莊的男孩，他走在路上會得意地高唱京劇，在高興時會毫無顧忌地大笑，對居民屋裡跑出來的小貓會發瘋似的追逐。

有些學生說這人腦子有毛病，是個神經病，尤其是一些女生見著他，還在十米外就

像躲避瘟疫一樣迅速地跑開。

其實這個男孩只是智商比正常人略低一點，從沒做過傷害人的事。然而，大多數人總是習慣對那些行為與自己有很大差別的人產生排斥和戒備。

一天，有個女學生得知他是學校生化實驗室裡一位老師的孩子。據說，他之所以智力發育有問題，是因為那位老師在懷胎的時候仍在實驗室裡進行研究，過多接觸化學藥品的緣故。面對這樣一位偉大的母親，我們還能抱怨她兒子什麼呢？從此以後，這位女孩不再反感他的行為。

校園裡有幾棵柿子樹，晚秋時節，上面掛滿了火紅的柿子，惹人駐足長觀。

「你想摘柿子，是嗎？」背後突然有人很大聲地問。這個女孩回過頭，竟然是那個低智商的男孩在傻笑。女孩記得自己曾經給過他難堪，可他好像早把過去的事忘得一乾二淨。

這一次，女孩十分友好地點頭，這讓他笑得更加開心。

「我可以用這根竹竿給妳打下來一個。」說著，他亮出手裡的「傢伙」。

「看呀，掉下來了。」

一個碩大的、紅橙橙的柿子落在柔軟的草坪上。

撿起柿子，男孩一臉興奮：「還要嗎？我再給妳打一個。」

又一個美麗誘人的柿子落下來了，女孩想跑過去拾，卻見男孩呆呆地仰望著上面。

「妳看，這天多藍多好看呀！」男孩很是感慨，話裡竟透露出一絲智慧與成熟。

確實，柿子樹上，是一方有幾絲浮雲的清透藍空，這樣的景致只有心中有詩的人才懂得去欣賞，然而，一個智商低的男孩，竟也懂得讚美。

原來，這個男孩頭頂上的天空，與正常人的一樣美麗。人與人應當是平等的，雖然他的行爲有些障礙，但同樣懂得助人，懂得欣賞，同樣有被尊重、被理解、被關愛的權利。每個人只要多一分接納，少一分偏見，這個世界可以沒有隔閡，沒有界限。

不要厭惡那道傷口

朋友的兒子患先天性心臟病，最近動過一次手術，胸前留下一道深長的傷口。朋友告訴我，孩子有天換衣服時，從鏡子中照見疤痕，竟駭然而哭。

「我身上的傷口這麼長！我永遠不會好了。」她轉述孩子的話。

孩子的敏感早熟令我驚訝，朋友的反應更讓我動容。

她心酸之餘，解開自己的褲子，露出當年剖腹產留下的刀口給孩子看。

「你看，媽媽身上也有一道這麼長的傷口。以前你還在媽媽肚子裡的時候生病了，沒有力氣出來，幸好醫生把媽媽的肚子劃開，不然你就會死在媽媽的肚子裡面，媽媽一輩子都感謝這道傷口呢！同樣，你也要謝謝你的傷口，不然你的心臟也會死掉，見不到媽媽。」

但丁在《神曲．第十三歌》中寫道：「哈比鳥以樹葉爲食料，給他痛苦，又給痛苦以一個出口……」受啄是痛苦的，卻給了原有的痛苦一個流淌的出口——以皮肉之苦來釋放內心的痛苦，痛苦之深可見一斑。

有一種叫落沙婆的小鳥，要叫七天七夜才下一隻蛋。由於鳥類沒有接生婆，所以難產的落沙婆只有徹夜不停地痛苦啼叫。可正是因爲這痛苦的七天，使蛋殼變得堅硬，小落沙婆孵出來之後也更硬實，這便是一個母親經歷七天痛苦所換來的一個孩子健康的明天，而那徹夜不停的哀啼，是落沙婆在用另一種方式釋放著肉身的痛苦。

無聲的世界未必就不美麗

大陸二〇〇五年春節晚會上，舞蹈《千手觀音》深深地打動了衆多觀衆，那時那刻，許多人透過那繽紛的手姿和斑斕的色彩，親體她們內心世界的美麗話語。曼妙的舞姿、美侖美奐的舞臺造型、金光閃閃的服飾、整齊完美的動作、神秘幽雅的氣氛，令人歎爲觀止。邰麗華就是其中的一名優秀代表。儘管不幸的她自幼就成了聾啞人，但她一直是樂觀的，奮鬥的，熱愛生命的。甚至與一般的聾啞兒不同，她更懂得從另外一個美麗的角度來體驗聲音之美。

快滿七歲時，她走進了聾啞學校。學校有一堂律動課，老師踏響木地板上的象腳鼓，把震動傳達給地板上的學生，讓他們明白什麼是節奏。同學們正爲腳下的震動興奮不已時，邰麗華卻索性趴在地板上，眸子炯炯有神，指著自己的胸口告訴老師：我——喜——歡！

她總喜歡把臉頰緊貼喇叭，全身心地感受不同的震動，電視裡的舞蹈節目讓她充滿想像，躍躍欲試。有一天，她忽然覺得這是一種屬於她的語言，是唯一能夠使她酣暢淋漓地表達對生命感悟的一種語言。從此，她愛上了舞蹈。

幸運的是，邰麗華在藝術方面的天賦和潛能得到了伯樂的青睞。十五歲那年，中國殘疾人藝術團的藝術家們挑中了她，讓她到該團學習舞蹈。

剛進團時，她的舞蹈基本功是最差的，甚至連踢腿都不會。老師考驗她的第一個舞就是《雀之靈》。一切似乎都不如人意。最後，老師乾脆將她一個人扔在排練室裡，獨自離開了。

無論如何，一切困難在她眼裡都是正常的，外面的驚濤駭浪在她心中都只是一汪平靜的水。起初她只能原地轉幾個圈，半個月以後就轉到二三百圈，這讓老師對她重新燃起了希望。一曲《雀之靈》有多少節拍，她沒仔細計算過，但老師做過一次測試，邰麗華憑著感覺舞完這七百多個節拍，竟絲絲入扣。她唯一的方法就是記憶、重複、再記憶，到最後，她心裡已經有了一支永遠隨時爲她響起的樂隊。

從此，她每天都要擠時間練舞蹈，練得身上總是青一塊，紫一塊。而邰麗華卻笑著指著自己的胸口告訴母親：「我喜歡跳舞，一點兒不覺得疼。」

十五歲第一次出國表演時，藝術團集訓恰巧在冬天，邰麗華身穿棉襖進場，訓練時只穿一件單衣仍汗流浹背，膝蓋被磨得流血、紅腫，可她卻從不叫苦。因爲她要努力把舞蹈變成自己的一種語言。

正是憑著這份執著和天賦，邰麗華在衆多舞者中脫穎而出，獲得了一個又一個舞蹈大獎。

正當邰麗華品嘗到舞蹈無窮的歡樂時，十七歲的她給自己定下新的目標：上大學。這是因爲她認識到知識對於一個人的重要性。

於是她將自己練舞的倔勁放在學習課業，一九九四年如願以償地考取了湖北美術學院裝潢設計系。

如今，邰麗華成了中國殘疾人藝術團裡的樑柱。她不僅擔任該團演員隊隊長，出任了中國特殊藝術協會的副主席，同時也是中國殘疾人藝術團的「形象大使」，先後在四十多個國家巡迴演出。

一九九二年八月，義大利史卡拉大劇院舉辦了被譽爲人類藝術盛典的「無國界文明藝術節」，前來演出的都是世界頂級舞蹈家、音樂家。邰麗華是唯一參加演出的殘疾人，被譽爲「美與人性的使者」。在波蘭，當她跳完《雀之靈》時，全體觀衆，包括總統夫婦，一直不停地爲她鼓掌。

二〇〇四年六月，邰麗華赴美國巡演《千手觀音》時，接到了雅典殘奧會閉幕式文藝表演任務。九月六日，經過重新創作、編排的奧林匹亞版《我的夢》（即《千手觀音》），在土耳其古老的「阿斯班度」露天劇場首次亮相，立即引起轟動。

身為一名殘疾人演員，邰麗華的藝術之路，無疑充滿了艱辛和汗水，但她的內心世界處處鋪滿了陽光與夢想。

她是這樣概括自己的成功哲學的：「其實所有人的人生都是一樣的，有圓有缺，有滿有空，這是你不能選擇的；但你可以選擇看人生的角度，多看人生的圓滿，然後帶著一顆快樂感恩的心去面對人生的不圓滿——這就是我所領悟的生活真諦。」

一隻巴掌也能拍響

一條項鏈的強度取決於最弱的那一環；一個周邊高低不等的木桶，其盛水量不取決於最長的那塊板，而取決於最短的那塊板。這最弱的一環和最短的板，指的是我們的心理承受能力。

一九四〇年六月二十三日，在美國一個貧困的鐵路工人家庭，一位黑人婦女生下了她一生二十二個孩子中的第二十個孩子，這是一個女嬰。接連不斷生孩子，讓這個貧困的家庭更加捉襟見肘，連懷孕的母親也經常餓肚子，孕婦的營養不良，使得孩子早產，這就注定了她的先天發育不良。

更加不幸的是，四歲那年她同時患了雙側肺炎和猩紅熱。在那個年代，肺炎和猩紅熱都是致命的疾病。然而，這個孩子奇蹟般地挺過來了。儘管她勉強撿回一條命，左腿卻因此殘疾了，因爲猩紅熱使她患小兒痲痹症，不要說像其他孩子那樣歡快地跳躍奔跑，就連平常走路都做不到。她只能靠拐杖來行走。

寸步難行的她非常悲觀憂鬱，醫生教她做復健運動，說這可能對她恢復健康有益，但她就像沒有聽到一樣。

隨著年齡增長，她的憂鬱和自卑越來越嚴重，甚至拒絕所有人靠近。只有一個例外，鄰居家那個只有一隻胳膊的老人成爲她的好夥伴。

老人是在一場戰爭中失去胳膊的，他很樂觀，女孩很喜歡聽老人講故事。

有一回，她被老人用輪椅推著到附近的一所幼稚園去玩，操場上孩子們動聽的歌聲吸引了他們。當一首歌唱完，老人說：「我們爲他們鼓掌吧！」她吃驚地看著老人，

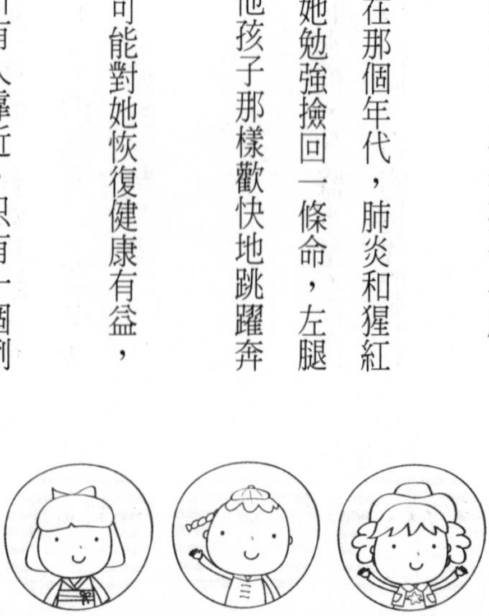

問：「我的胳膊動不了，你只有一隻胳膊，怎麼鼓掌啊？」老人對她笑了笑，解開襯衣扣子，露出胸膛，用手掌拍起了胸膛……

那是一個初春，風中還有幾分寒意，但她卻突然感覺自己的身體裡湧動起一股暖流。

老人對她笑了笑，說：「只要想辦法，一隻巴掌同樣可以拍響，只要努力，無論現在遭遇多大的不幸，你一樣能站起來！」

就在那天晚上，女孩讓父親寫了一張紙條，貼到牆上，上面是這樣一行字：一隻巴掌也能拍響。

從此以後，她開始配合醫生做運動。不管多麼艱難和痛苦，她都咬牙堅持著。有一點進步了，她又以更大的受苦姿態，來求更大的進步。甚至父母不在時，她自己扔開支架，試著走路……蛻變的痛苦牽扯著筋骨，但她堅持相信自己能夠像其他孩子一樣行走、奔跑，她要行走，她要奔跑……

十一歲時，她終於扔掉支架，又向另一個更高的目標努力著，她開始打籃球和參加田徑運動。

十三歲那年，她決定參加中學舉辦的短跑比賽。靠著驚人的毅力一舉奪得一百米和二百米短跑冠軍，震驚了校園，她也從此愛上了短跑運動。

在一九五六年奧運會上，十六歲的她參加了四百米的短跑接力賽，並和隊友一起獲得了銅牌。

一九六〇年羅馬奧運會女子一百米跑決賽，當她以十一秒一八第一個撞線後，掌聲雷動，人們都站立起來爲她喝彩，齊聲歡呼著這個美國黑人的名字——威爾瑪．魯道夫。

那一屆奧運會上，威爾瑪．魯道夫成爲當時世界上跑得最快的女人，共摘取了三塊金牌，也是第一個黑人奧運女子百米冠軍。

很多時候，人們身體發生了不幸，不能像正常人一樣去爲成功打拼，就會怨天尤人。

事實上，阻止人們向前衝的，並非別人，而是自己放棄了再站起來向前衝的打算；人們輸的不是在身體上，而是在心理承受能力上。著名的科學家居里夫人說：「我的最高原則是，不論任何困難，都絕不屈服！」良好的心理承受與戰勝不幸的能力，遭遇不

幸後的恢復能力和百折不撓，向自己挑戰的精神，是成功人士不可缺少的素質。父母應當讓孩子記住，無論何時都不要放棄希望，哪怕只剩下一隻胳膊，也要用胸膛去迎接生活；無論何時都不要放棄夢想，哪怕殘疾到無法行走，也要用心靈去飛翔。

面對貧困，需要的是平等關愛

現實中，不少人扭曲了希望工程。在贊助孩童上，幾乎所有的捐助者都預先對受捐對象提出了至少是「品學兼優」之類的條件。

有人甚至提出包括成績名次、相貌、身高、性別、是否聽話、健康狀況、家庭成員狀況等要求。

大人應當用愛的接納去撫慰孩子的心，因為無論何時何地，愛心的力量總比傷害的力量大得多。

別向受助孩童提苛刻條件

大陸鄭州某高校規定，接受贊助的貧困生不能喝酒、抽煙和購買手機。對於購買手機的規定引起了許多媒體的關注，許多學生也對此不滿，認爲學校的做法是一種歧視，缺乏人文關懷。有些媒體對於該怎樣贊助的話題，進行了討論。對此，我想起了關注教育的作家莫小米的一篇文章：

不是沒有介入過希望工程，但都是被收去一筆錢了事。眞正與受助小孩見面，還是頭一次。

那個偏遠而寧靜的小山村會堂今天張燈結綵，從儀式一開始，一排七八個小孩就在那兒坐著了。他們很小，很乖，一個個一動不動。此前我已塡過一張捐助卡片，知道對方是個二年級男孩，現在我遠遠地猜測著哪個是我的小孩，以至於一個接一個領導的講話半句也沒聽進去。

終於有一個穿紅衣服的男孩被領到我的面前，我們一對對地在台上相倚著立成一排，攝像機也同時掃描過來。

這時我發現，在場的男孩女孩臂上差不多都有兩條或三條杠的少先隊幹部標誌，而我的小孩沒有。且從老師介紹中得知，這些孩子大多成績優異，於是我們就有了如下的對話。

老師說他一年級是個笨小孩，現在達到中等。我說，沒關係，分數不是最重要的。老師說但這孩子懂事，不像別的男孩那樣調皮。我說，你可以調皮一些。他一臉茫然地看著我，連先想好的「謝謝阿姨」之類的詞兒都忘了說。

播出時，我們的鏡頭理所當然地被剪去了。後來得知，除我之外，幾乎所有的捐助者都預先對受捐對象提了至少是「品學兼優」一類的條件，最苛刻的一位女士甚至提了包括成績名次、相貌、身高、性別、是否聽話、健康狀況、家庭成員狀況等十條要求。淳樸的鄉村老師居然還眞的按條件找著了一個孩子。電視播出時，鏡頭在她倆身上停留時間也最長。而我從內心裡希望剝奪這位女士的捐助權。按這些苛刻的條件，我的孩子便沒有受助資格，而憑什麼，我們拿出區區幾百元錢，就自以爲有資格要求孩子們這樣那樣！

和孩子們只相處了很短時間就分手了。印象中我的小孩比較沈默，自始至終不見他笑，讓人心酸。

如果說這就是希望工程，從此我只遙遙地希望，我親愛的小孩，你要多多綻開笑顏。

用愛的接納撫慰孩子

他在一所中學任教，也住在學校裡。在這所學校就讀的學生，大多來自市區，家裡

的生活條件很好。

一天，女學生帶著父親來看老師。老師見是來「送禮」，很反感這一套，妻子當即阻止了丈夫，並熱情地收下了禮。

妻子爲什麼這樣做？原來，她見女學生目光低垂，衣著樸素，而學生父親的褲子上都打了補丁，進門後，父女倆拘謹地坐下。女學生說父親是騎自行車從三十多里外的家來看自己，順便來看老師。接著，父親從肩上背的布兜裡拿出十幾個新鮮雞蛋，而兜裡還裝了很多防止雞蛋被擠破的糠。

在收禮的同時，這位老師的妻子用教師的尊嚴要他們留下來，一起包餃子吃。

送父女倆出門時，這位老師的妻子告訴女學生：「雖然妳家現在不富裕，但貧困的只是生活，而不是人。沒有人有權利嘲笑妳！」

回來後見丈夫一臉疑惑，妻子知道，他是納悶自己向來鐵面無私，從來都把送禮者拒之門外，而且也煩應酬，爲什麼會對幾個雞蛋動容，還留父女倆吃餃子。妻子微微一笑，講述了小時的一件往事：

十歲那年夏天，我跟父親在一個無月的夜裡步行到十里以外的小鎮郵局。我肩上背的布兜裡裝著剛從院子梨樹上摘下來的七個大梨。要知道，小妹天天爲梨樹澆水，這棵樹頭第一次結果，但父親要拿它去送人，小妹爲這七個梨正在家裡哭。

郵局早已下班。管電話的是我家的一個遠房親戚，父親讓我喊他姑爹。進屋時，父親說明來意，姑爹嗯了一聲，沒動。我和父親站在靠門邊的地方，破舊的衣服在燈光下分外寒酸。一直等姑爹吃完飯，摳完牙，伸伸懶腰，才說：「號碼給我，在這兒等著，我去看看打不打得通。」五分鐘之後，姑爹回來了，說：「打通了，也講明白了，電話費九毛五。」父親趕快從褲兜裡掏錢。姑爹說：「放那兒吧。」我看見一張五角、兩張兩角的紙幣和一枚五分的硬幣從父親的手裡躺在桌子上。

父親又讓我趕快拿梨。不料，姨爺一隻手一擺，大聲說：「不，不要！家裡多得是，你們去豬圈瞧瞧，豬都吃不完！」

回來的路上，我跟在父親的身後，抱著布兜哭了一路。僅僅因爲我們貧窮，血緣和親情也淡了。僅僅因爲貧窮，我們在別人的眼裡好像就沒有必要再有一點點自尊。

在以後的成長過程中，這一創傷卻越來越深，以至於因爲它，我整個童年的記憶都澀而苦。

當遇到學生送禮，尤其是貧困生，可不能把此看成「行賄」。一味講清廉，會成為一種「不近人情」，所做的一切，也許就像那位姑爹的「手勢」，給一個人的記憶留下灰色的印疤。大人應當用愛的接納去撫慰孩子的心。因為無論何時何地，愛心的力量總比傷害的力量大得多。

面對失足，需要的是用愛拯救

人生在世，曾經的失足只能代表過去，而過去不等於未來。如果說它是心靈一道受傷的「口子」，那應當明白，傷口既已存在就無法迴避，不能自暴自棄，也不能博人同情。家長和老師應當讓孩子知道，傷口既能縫合，而且還能在「傷口」上開出最美麗的生命之花。

親情的陽光是可以融化一個人心中的冰壘，人文關懷能夠讓孩子彌補心靈的缺失，迷失的孩子只要努力，就能改變自己的命運！

生命的傷口能美麗地縫合

先講個故事。

新買的皮鞋放在門口，不知被哪個缺德的人弄了一個長長的口子。扔掉吧，太可惜了，陳堯決定把鞋子拿到街口的皮鞋手工店，小學徒看了一下說：「只有換皮換幫。」老師傅接過來看了看，說：「你要是願意的話，我就在兩隻皮鞋上再多劃幾道口子，這

樣看起來顯得對稱，是刻意而爲，會感覺別具一格，而且也不影響穿著。」

反正也別無他法，就死馬當做活馬醫吧。陳堯第三天去取，一看鞋子果然劃了五六道痕，用鐵銹紅色的軟皮補好，四周用的是粗針大線的細麻繩，針腳故意歪歪扭扭，顯得質樸粗獷，看上去比先前更獨特也更有趣，不僅有實用價值，而且更具個性。

還有個故事。一位朋友不小心，才買三天的白襯衫被釘子勾住，後背上撕出一個口子。朋友的母親拿過來看了看，說：「回家幫你補補看。」結果所有不規則的裂痕和口子全被小心地用細細的白絲線手工縫合，那些被白絲線縫合的裂痕呈樹枝狀，看上去就像北方冬天樹枝上的冰花一樣，美極了。更妙的是，母親還特地在樹枝下用花棉布頭拼貼了一個胖乎乎的小雪人和森林木屋。結果，一件原來撕毀不能穿的襯衫，現在變得比原先那件更完美更獨特，就像藝術品一樣。補丁，原本是一種遺憾，卻可以透過巧手匠心，讓它呈現出一種完美。

這兩個故事都是一位老師講給一位失足少年的。人生在世，曾經的失足只能代表過去，而過去不等於未來。如果說它是心靈一道受傷的「口子」，那應當明白，傷口既已存在就無法迴避，不能自暴自棄，也不能博人同情。家長和老師應當讓孩子知道，傷口既能縫合，而且還能在「傷口」上開出最美麗的生命之花。

認清「傷口」症狀，給予愛的引導與滋養

行爲的作用，往往勝過千言萬語。父母的行爲將會成爲刻在孩子心中的形象。如果希望孩子品德高尚，自己就不要做不道德的事；如果希望孩子講禮貌，自己就必須講禮貌；如果希望孩子遵守規則，自己就不要跨越馬路欄杆和闖紅燈。

一個犯盜竊罪的少年回憶第一次做壞事的情形：

大約是在四五歲，媽媽帶我乘公車。當時我的個頭剛超過規定，本該買票的，可媽媽按了一下我的頭，我便「機警」地屈著腿矇過了售票員。下車後，媽媽得意地說：「這次上車沒花錢買票！」第二次上車，還沒等媽媽按頭，我就屈著腿上了車，售票員又沒發現。下車後，我興奮地對媽媽說：「今天上車又沒花錢買票！」媽媽也連連誇我：「好兒子，你眞聰明！」

這位少年說自己之所以犯罪，就是因爲有了第一次佔便宜的成就感，以後便想著占大便宜，小偷小摸過癮，最後就結夥盜竊搶劫了。可見，父母的行爲對孩子的影響是巨

大的。父母文明守紀的行爲能把孩子培養成正人君子，父母錯誤的行爲能讓孩子成爲「階下囚」。教育家洛克說：「我們務必接受一個毋庸置疑的眞理，那就是無論給孩子什麼樣的教訓，無論給孩子什麼樣的聰明而文雅的訓練，對他們的行爲能發生最大影響的，很顯然是他周圍的同伴，是看護人的行爲榜樣。」

因此，身爲家長、父母以及親友，都應當給孩子一個好的榜樣，用正確的行爲引導孩子。對於不慎失足的孩子，大人們也同樣應當用愛的行爲感染孩子，引導孩子走向正確的人生道路。

前幾年，中國大陸「徐力拭母」的事件讓一位兒童教育工作者的心難於寧靜。她指出：不適當的家教、不正確的心態，會在孩子的心靈世界結下非常厚重的冰層。這位極富愛心的兒童教育工作者還決定，要盡自己的全力，拯救徐力的心靈走出罪惡深淵，重新揚起生命風帆，同時也幫助千萬絕望孩子打破心底鬱積的堅冰，還要讓天下父母都相信，親情的陽光是可以融化一個人心中的冰壘，人文關懷能夠讓孩子彌補心靈的缺失，迷失的孩子只要努力，就能改變自己的命運！

徐力被判刑十二年，轉入浙江省未成年犯管教所服刑。幾年來，這位兒童教育家多次去看他。每次都給他買些書或衣服，每次都鼓勵他重新奮起，好好改造，將來做個對社會有用的人。徐力穿著她買的紅色T恤，考上了成人自考大學，服刑期因多次立功受獎被減刑。

許多孩子之所以走上犯罪道路，還有一個重要原因就是文化缺失。這些孩子從小與書無緣，心靈的世界裡雜草叢生，一片荒蕪。他們缺失的不僅僅是親情和關愛，還有先進文化的滋養！

要知道人的成長過程中，需要很多的營養，缺失任何一種，都會給身體帶來影響。如果從小缺鈣，學習的時候，就會注意力不集中，耐力下降，長大還容易發生骨折；如果從小缺碘，就會出現甲狀腺腫大，甚至還會影響到下一代的健康。同樣，如果從小缺文化，成長中又沒有及時補充，心靈世界就會是一片空白。

孩子們沒有學習的經歷，沒有學習的興趣，沒有學習的能力，也就沒有生存的本領。

但是，他們卻是一股巨大的力量，能夠摧毀這個世界，也能建設這個世界！

對於失足的孩子，爲了他們的明天，大人們該怎麼做呢？有位教育家說，應該告訴

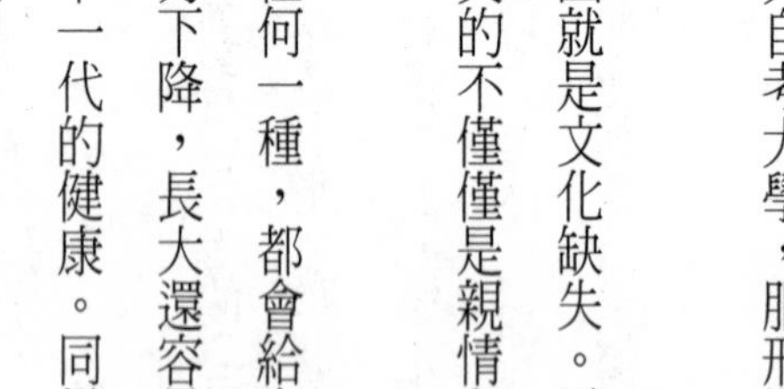

孩子：第一，從今天開始，珍愛生命；第二，從今天開始，珍惜時光；第三，從今天開始，珍重自己！

是的，只要開始，只要更加努力，一切都還來得及！醒來了，就馬上行動吧！

國家圖書館出版品預行編目資料

父母必須知道的教兒觀念／王夢萍著.
——第一版—— 臺北市：知青頻道出版；
紅螞蟻圖書發行，2010.9
面　　公分——
ISBN 978-986-6276-32-3（平裝）

1.親職教育 2.子女教育

528.2　　　　99015413

父母必須知道的教兒觀念

作　　者／王夢萍
美術構成／Chris' office
校　　對／周英嬙、楊安妮、朱慧蒨
發 行 人／賴秀珍
榮譽總監／張錦基
總 編 輯／何南輝
出　　版／知青頻道出版有限公司
發　　行／紅螞蟻圖書有限公司
地　　址／台北市內湖區舊宗路二段121巷28號4F
網　　站／www.e-redant.com
郵撥帳號／1604621-1　紅螞蟻圖書有限公司
電　　話／(02)2795-3656（代表號）
傳　　真／(02)2795-4100
登 記 證／局版北市業字第796號
港澳總經銷／和平圖書有限公司
地　　址／香港柴灣嘉業街12號百樂門大廈17F
電　　話／(852)2804-6687
法律顧問／許晏賓律師
印 刷 廠／鴻運彩色印刷有限公司
出版日期／2010年 9月　第一版第一刷

定價 220 元　港幣 73 元

ISBN 978-986-6276-32-3　　**Printed in Taiwan**